QUE SAIS-JE ?

Introduction à l'économie

FRÉDÉRIC TEULON
Agrégé de l'Université

DU MÊME AUTEUR

DANS LA MÊME COLLECTION :

La politique agricole commune, Presses Universitaires de France, coll. « Que sais-je ? », n° 2568, 1991.
Vocabulaire économique, Presses Universitaires de France, coll. « Que sais-je ? », n° 2624, 1991.
Vocabulaire monétaire et financier, Presses Universitaires de France, coll. « Que sais-je ? », n° 2628, 1991.

ISBN 2 13 044487 3

Dépôt légal — 1re édition : 1992, mai

108, boulevard Saint-Germain, 75006 Paris

INTRODUCTION

Dans son ouvrage intitulé *La grande transformation,* Carl Polanyi constate que l'idée même d'économie est récente. Dans les autres civilisations et cultures, les phénomènes économiques n'étaient pas distingués des événements sociaux. L'économie n'était pas érigée en un monde distinct, en un système, mais se trouvait dispersée et étroitement imbriquée dans le tissu social. Aristote avait sans doute senti ce point crucial, lorsqu'il dénonçait le principe de la production en vue d'un gain sans borne et sans limite comme « non naturel à l'homme ».

Qu'est-ce que l'économie ? Les définitions sont nombreuses et ne recouvrent pas toujours le même objet. Pour Lionel Robbins, l'économie est « la science qui étudie le comportement humain comme une relation entre des fins et des moyens rares qui ont des usages alternatifs ». Selon lui, il s'agit de la science qui étudie les choix contraints des individus et le problème de l'allocation de ressources rares. Elle s'efforce pour cela d'expliquer le réel à partir d'hypothèses simples concernant le comportement humain : rationalité, recherche de l'intérêt personnel. C'est le modèle de l'*homo oeconomicus* qui maximise son utilité individuelle sous une contrainte de ressource, égoïste par nature[1], il est doté de possibilités de calcul sans limite. Les économistes font manœuvrer ce Robinson Crusoé pour

1. Comme le disait Adam Smith : « Ce n'est pas de la bienveillance du boucher, du marchand de bière ou du boulanger, que nous attendons notre dîner, mais bien du soin qu'ils apportent à leurs intérêts. Nous ne nous adressons pas à leur humanité, mais à leur égoïsme ; et ce n'est jamais de nos besoins que nous leur parlons, c'est toujours de leur avantage » *(Recherches sur la nature et les causes de la richesse des nations)*.

étudier comme dans un laboratoire la logique pure du choix.

Il est facile de dénoncer le caractère irréaliste de ces hypothèses : les hommes ont des émotions, des opinions qui sont influençables, des coups de tête et des attitudes parfois irrationnelles.

En fait, cette caricature du comportement humain ne représente pas un jugement qui est porté sur la nature humaine, il s'agit simplement d'un principe méthodologique. Cette lecture qui s'intéresse aux choix opérés par les agents (consommateurs et producteurs) représente un point de vue micro-économique.

On peut lui opposer un point de vue plus global relatif à l'étude des agrégats et des résultats d'une économie prise dans son ensemble : il s'agit alors d'une approche macro-économique. On recherche alors des relations indépendantes des réactions individuelles, ayant un caractère de généralité. Ce qui implique une réflexion sur l'organisation idéale de la société, et en particulier sur l'arbitrage à effectuer entre l'intervention de l'Etat et le « laissez faire ».

En sciences physiques, il existe un certain consensus qui permet d'écarter les hypothèses les plus absurbes ; en revanche, dans la sphère des faits économiques, il n'y a pas d'absurdité qu'on ne puisse proposer sans avoir la certitude qu'il y aura toujours des croyants pour les accepter. La quête de lois économiques est une recherche perdue d'avance, les facteurs susceptibles d'influencer un phénomène économique sont multiples et changeant selon l'époque ou selon le contexte.

De sorte que, sur les principaux problèmes économiques : emploi, inflation, croissance, répartition des revenus..., les théories économiques s'opposent. Jean Denizet note dans son ouvrage, *Monnaie et financement* qu'il n'y a guère que la psychanalyse qui n'ait pas servi à expliquer l'inflation et encore — ajoutait-il — ce n'est pas sûr ! Cette opposition entre les écoles d'économistes, ainsi que l'existence d'incessantes querelles de chapelle ont quelque chose de désespérant pour une science qui se veut utile. En fait, il est bon de voir s'établir entre les économistes eux-mêmes une sorte de concurrence portant sur le pouvoir explicatif des différentes théories présentées.

Peu de personnes mettent en doute le poids des idées et leur influence sur les politiques économiques suivies par les Etats. Les décisions prises par les autorités publiques reflètent un mélange d'idéologies et d'intérêts qui s'exprime dans un cadre institutionnel susceptible de limiter leur portée. Ainsi, l'après-seconde guerre mondiale a été dominé par la mise en œuvre des politiques keynésiennes de relance de la demande. Leur échec dans un contexte de plus grande ouverture des économies sur l'extérieur — après le premier choc pétrolier de 1973 — a contribué au retour des programmes d'austérité d'inspiration libérale. Ainsi, il est possible de constater que le succès des théories économiques tient beaucoup moins à leur cohérence et à leurs capacités explicatives qu'au besoin qu'ont les autorités publiques de les utiliser pour justifier les politiques qu'elles appliquent.

Nous traiterons ici, dans cet ouvrage, de grands thèmes, qui devraient servir — au lecteur — de point de départ pour une réflexion plus approfondie, tenant compte de la multiplicité des interprétations possibles et permettant d'aller au-delà d'une simple introduction à l'économie.

Chapitre I

LES ÉCHANGES, L'ÉCONOMIE MONÉTAIRE

L'échange fait le lien entre la production et la consommation. L'étude des principes qui gouvernent la circulation des marchandises constitue la base de la théorie économique. Les participants à l'échange sont décrits à partir des comportements respectifs des consommateurs (les ménages) et des producteurs (les entreprises). L'introduction de la monnaie permet d'optimiser la relation d'échange et de créer des circuits de financement animés par les établissements de crédit (les banques).

I. — La nécessité d'échanger

1. **L'échange comme obligation sociale.** — L'échange est une obligation sans cesse renouvelée pour les êtres humains, il possède une signification qui va au-delà des personnes, il s'impose à elles avec la force de la tradition et sous les formes qui sont imposées par la loi.

Tout individu qui refuserait d'échanger serait l'objet d'un rejet extrêmement fort. Le refus de l'échange n'est pas concevable, il placerait son auteur en dehors de toute société, de toute humanité et l'obligerait à vivre une vie d'ermite. L'échange est au fondement de la condition humaine, « on n'a jamais vu de chien faire de propos délibéré l'échange d'un os avec un autre chien », rappelle Adam Smith.

L'échange est le dénominateur commun de nombreuses activités sociales et il est au cœur des relations économiques qui se tissent entre les individus et entre les nations.

Platon, dans *La République,* montre que la cité est née de l'obligation où les hommes se trouvent de se prêter aide mutuelle pour affronter les difficultés et les nécessités de la vie. Pour Aristote[1], l'homme qui est dans l'incapacité d'échanger avec ses semblables, ou qui n'en éprouve même pas le besoin parce qu'il se suffit à lui-même, ne fait pas partie d'une cité, et par conséquent il est soit une brute, soit un Dieu.

Les économistes classiques ont considéré que l'échange était inhérent à la nature humaine. Pour Adam Smith, le principe de l'échange gouverne la vie de toute société : « Donnez-moi ce dont j'ai besoin et vous aurez de moi ce dont vous avez besoin vous-même. » La nation, catégorie politique, devient un espace d'échange à l'intérieur duquel les individus confrontent leurs intérêts et cherchent à accroître l'utilité qu'ils tirent de la consommation des biens[2]. L'échange existe, non pas du fait de la bonté ou de la pitié, mais parce qu'il s'adresse aux motivations les plus profondes de l'individu, celles qui touchent son intérêt personnel.

C'est la pratique de l'échange qui autorise la division du travail, celle-ci permet d'accroître l'habilité des travailleurs et de réduire les temps morts ; en réduisant les coûts de production des marchandises la division du travail conforte l'extension des échanges.

La société industrielle a élargi les possibilités d'échange

1. *La Politique.*

2. Même chez les penseurs libéraux l'idée d'une morale de l'intérêt n'a pas été facilement acceptée. Ainsi, Benjamin Constant, dans un article du *Mercure de France* du 8 novembre 1817 affirme : « Le principe de l'utilité a ce danger de plus que celui du droit, qu'il réveille dans l'esprit des hommes l'espoir d'un profit et non le sentiment d'un devoir. Or l'évaluation d'un profit est arbitraire : c'est l'imagination qui en décide. Mais ni ses erreurs, ni ses caprices ne sauraient changer la notion du devoir. Les actions ne peuvent pas être plus ou moins justes, mais elles peuvent être plus ou moins utiles. En nuisant à mes semblables, je viole leurs droits : c'est une vérité incontestable ; mais si je ne juge cette violation que par son utilité, je puis me tromper dans ce calcul, et trouver de l'utilité dans cette violation. Le principe de l'utilité est par conséquent bien plus vague que celui de droit naturel. »

en affaiblissant les barrières statutaires et en faisant reposer les échanges sur les capacités contractuelles des individus. Alors que les modes de circulation antérieurs subordonnaient les biens et leurs transferts à la confrontation préalable des statuts sociaux, dans l'échange marchand, les individus se retirent derrière leurs produits et apparaissent uniquement comme des vendeurs et des acheteurs, propriétaires de marchandises, mais étrangers les uns aux autres ; c'est-à-dire dépourvus de liens de parenté ou d'alliance, de subordination ou de préséance, liens incompatibles avec le bon déroulement de telles opérations.

Chaque bien, dont on est le propriétaire, est susceptible de deux usages différents : l'un est l'usage propre du bien (valeur d'usage) et l'autre consiste à l'utiliser comme contrepartie pour obtenir d'autres biens (valeur d'échange). Le paradoxe de la valeur souligne que des objets qui ont la plus grande valeur d'usage n'ont souvent que peu de valeur d'échange, en revanche ceux qui ont une importante valeur d'échange présentent peu de valeur dans l'usage. Ainsi pour reprendre l'exemple d'Adam Smith, il n'y a rien de plus utile que l'eau, bien qui pourtant présente une faible valeur d'échange ; alors que le diamant possède peu de valeur en usage, il permet d'acheter une grande quantité d'autres marchandises.

2. **L'approche micro-économique.** — Le paradoxe de la valeur perd de son caractère énigmatique si l'on introduit la notion de rareté : l'eau a une faible valeur d'échange car elle est disponible en quantité presque illimitée, quant au diamant il possède une forte valeur d'échange du fait des difficultés de recherche et d'extraction.

Pour les auteurs marginalistes[1] la valeur des biens dérive de leur utilité, qui apparaît au cours du processus d'estimation subjective par lequel l'individu entre en rela-

1. Walras, Menger, Jevons rompent avec l'école classique (Adam Smith, David Ricardo) qui faisait résider la valeur des biens dans la quantité de travail incorporée dans ceux-ci.

tion avec les choses (les biens n'ont pas de valeur en eux-mêmes).

Au fur et à mesure qu'un individu utilise des quantités successives d'un même bien, le degré de satisfaction qu'il retire de sa consommation s'accroît, alors que l'importance qu'il accorde à chacune des unités restantes décline. Toutes les unités d'un même bien étant par définition interchangeables, c'est l'utilité de la dernière unité consommée (utilité marginale : *Um*) qui joue un rôle capital, elle détermine la valeur subjective de toutes les autres unités qui ont été consommées.

De ce point de vue, l'échange implique que pour chacun des coéchangistes l'utilité marginale du bien cédé soit inférieure à l'utilité marginale du bien acquis. Au cours de l'échange d'un bien contre un autre, le rapport entre les utilités marginales se modifie. Lorsque les utilités marginales de chaque bien consommé pondérées par leurs prix sont les mêmes l'échange s'arrête puisque disparaît tout stimulant à le poursuivre [voir équation (1)].

Au niveau individuel chaque consommateur cherche à maximiser son utilité sachant qu'il dispose d'un budget donné. Si l'on suppose qu'il doit choisir une combinaison de consommation comprenant du bien X (*e.g.* les produits alimentaires) et du bien Z (*e.g.* des biens durables), ses préférences peuvent être formalisées par des courbes d'indifférence, chaque courbe donnant l'ensemble des combinaisons de X et de Z qui correspondent pour lui à un même niveau de satisfaction.

Le consommateur rationnel de l'analyse économique désire se procurer des quantités x et z des biens X et Z telles qu'il puisse obtenir la plus grande satisfaction possible.

Puisqu'un niveau donné de satisfaction peut être obtenu par différentes combinaisons des produits X et Z, il est important de déterminer le taux auquel le consommateur est disposé à substituer le bien X au bien Z pour maintenir ce même niveau d'utilité. Ce taux psychologique d'échange est appelé taux marginal de substitution et se calcule à partir de la fonction d'utilité du consommateur : $U = f(x, z)$.

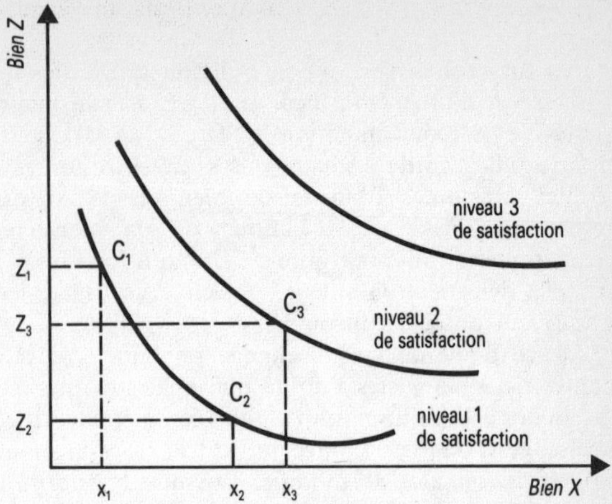

Fig. 1. — Les courbes d'indifférence

Les combinaisons C_1 et C_2 sont jugées équivalentes par le consommateur, elles lui procurent la même satisfaction. En revanche la combinaison C_3 lui donne un niveau de satisfaction supérieur.

On peut considérer que par rapport à une situation initiale, la modification de l'utilité provoquée par des variations de x et de z est égale à la somme de deux produits :

— le produit de la variation de x par la modification d'utilité résultant de la variation d'une unité de X (utilité marginale de X) ;
— le produit de la variation de z par la modification d'utilité résultant de la variation d'une unité de Z (utilité marginale de Z).

La modification de l'utilité dU s'écrit :

$$dU = \frac{\delta U}{\delta x} dx + \frac{\delta U}{\delta z} dz.$$

Cette expression est la différentielle totale de la fonction d'utilité. Supposons que le consommateur veuille substituer à la consommation d'une certaine quantité de X, la consommation d'une certaine quantité de Z, tout en restant sur une même courbe d'indifférence.

$$dU = \frac{\delta U}{\delta x} dx + \frac{\delta U}{\delta z} dz = 0$$

(sur une même courbe d'indifférence la variation d'utilité est nulle)

$$\leftrightarrow \frac{\delta U}{\delta x} dx = - \frac{\delta U}{\delta z} dz$$

ou encore :

$$\frac{\delta U}{\delta x} / \frac{\delta U}{\delta z} \quad \text{(rapport des utilités marginales)}$$

$$= - dz/dx.$$

L'expression (dz/dx) représente la fonction dérivée de la fonction $z = g(x)$. Or on sait que la valeur de la dérivée en un point d'une courbe est égale à la pente de la droite tangente à la courbe en ce point. Par conséquent le rapport des utilités marginales est égal à la pente de la courbe d'indifférence considérée, qui représente elle-même à la limite (lorsque l'accroissement de x tend vers zéro) le taux de substitution entre X et Z.

Le problème que le consommateur doit résoudre est celui de la maximisation de sa fonction d'utilité. Il ne peut acheter n'importe quelle quantité de X et de Z, car son revenu est limité.

Admettons qu'il dépense la totalité de son revenu (R) au cours de la période considérée, pour acheter des quantités des biens X et de Z dont les prix sont respectivement Px et Pz. Dans ces conditions il dépensera une somme $x.Px$ à l'achat de X et une somme $z.Pz$ à l'achat de Z, la somme de ces deux dépenses étant égale à son revenu, soit :

$$R = x.Px + z.Pz.$$

Cette équation est appelée la droite de budget. Le problème posé devient alors un problème de maximum lié ou contraint, car le consommateur doit trouver une combinaison de X et de Z telle qu'elle rende maximale sa fonction d'utilité $U = f(x, z)$ et satisfasse en même temps la droite budgétaire. De cette dernière on tire :

$$z = \frac{R - x \,.\, Px}{Pz}.$$

Remplaçons z par cette valeur dans la fonction d'utilité, soit :

$$U = f\left(x, \frac{R - x \,.\, Px}{Pz}\right).$$

La fonction d'utilité n'a plus qu'une seule variable (x). Les conditions de maximisation s'écrivent : $f'(x) = 0$ et $f''(x) < 0$.

Exemple :

Posons $Px = 40$ F, $Pz = 100$ F, $R = 4\,000$ F et $U = x.z$

$$R = x.Px + z.Pz = 40x + 100z$$

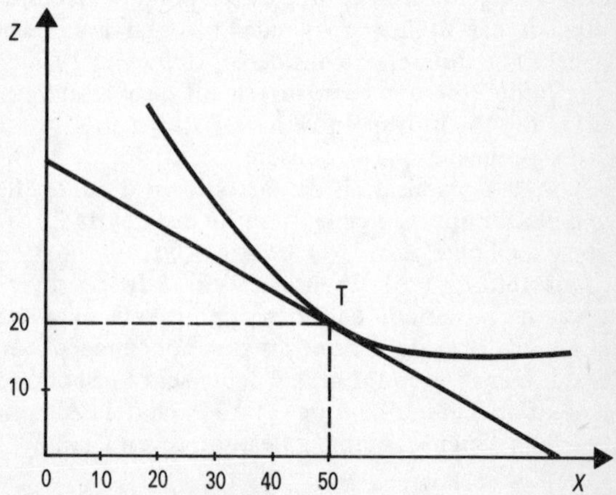

Fig. 2. — L'équilibre du consommateur

La consommation optimale est (50, 20), c'est celle qui maximise l'utilité du consommateur. Ce point correspond à la tangence entre la droite de budget et une courbe d'indifférence.

d'où $z = (R - 40x)/100 = - 4/10x = R/100$

$$U = (- 4/10x + R/100).x = - 4/10(x)^2 + R/100.x.$$

La dérivée première de la fonction d'utilité doit s'annuler :

$$U' = - 8/10x + R/100 = 0 \leftrightarrow x = 10R/800 = 40\,000/800 = 50$$

d'où $z = 20$.

On vérifie que $U'' = - 8/10 < 0$.

Au point de tangence T, la pente de la courbe d'indifférence (dz/dx) est égale à la pente de la droite de budget (Px/Pz). Or l'expression ($- dz/dx$) représente le taux de substitution de X en Z qui est égal au rapport des utilités marginales entre les deux biens. Il en résulte qu'au point T correspondant à la maximisation de la fonction d'utilité, le rapport des utilités marginales est égal au rapport des prix des deux biens considérés :

$$\frac{\delta U/\delta x}{\delta U/\delta z} = \frac{Px}{Pz} \leftrightarrow \boxed{\frac{\text{Um de } x}{Px} = \frac{\text{Um } de\ z}{Pz}} \quad (1).$$

A un niveau plus global, on peut juger de la cohérence du choix à partir de la courbe des possibilités de production. Celle-ci détermine la production maximale réalisable à partir de deux biens X (produits alimentaires) et Z (biens durables), dans une économie possédant une quantité de facteurs de production (terre, travail et capital) donnée.

Plus l'économie produit du bien X et moins elle obtient de bien Z, car les ressources sont en quantités limitées. Les choix possibles se situent à l'intérieur de la surface hachurée (le point B par exemple), les choix optimaux se situent sur la frontière (tel le point A), au-delà de celle-ci la production envisagée est irréalisable faute de moyens suffisants (point C).

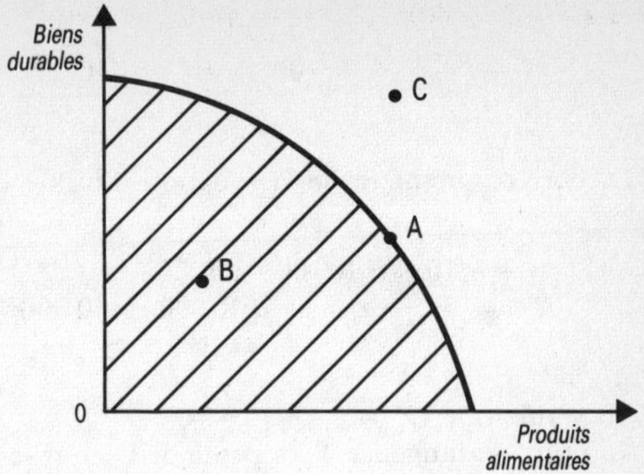

Fig. 3. — La frontière des possibilités de production

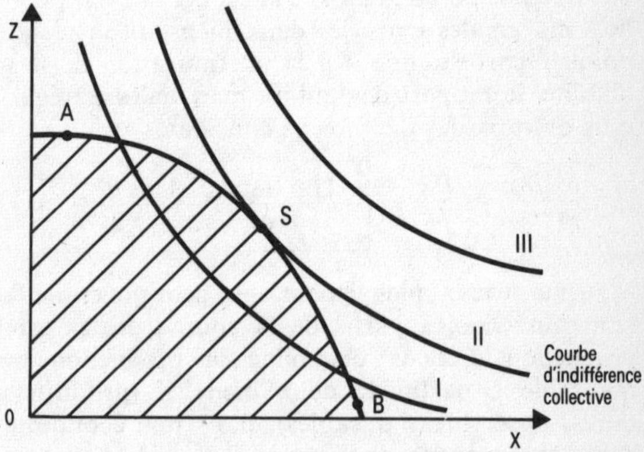

Fig. 4. — L'optimum social correspond au point S

Les courbes d'indifférence collectives I, II et III symbolisent les préférences d'une collectivité prise dans son ensemble, elles sont similaires aux courbes d'indifférence individuelles. La limite de la production — représentée par la courbe qui passe par les points A et B — équivaut à la contrainte budgétaire d'un individu. Le point S pour lequel la limite de production et la courbe d'indifférence II sont tangentes donne la combinaison optimale des deux biens X et Z. Le pays considéré ne peut atteindre le niveau de satisfaction III compte tenu du caractère limité de ses ressources et de sa production.

L'agrégation des préférences individuelles présente de nombreuses difficultés et n'est possible que dans le cadre d'hypothèses très restrictives, néanmoins la notion de courbes d'indifférence collectives permet de formaliser les préférences de la collectivité dans son ensemble, elles représentent le bien-être de la société.

II. — Economie de troc et économie monétaire

1. **Les inconvénients du troc.** — Le troc correspond à l'échange direct d'un objet contre un autre sans intervention de la monnaie. Il suppose la double coïncidence des besoins entre deux échangistes : si un agent X souhaite échanger un bien x_1 contre un bien x_2, il faut qu'il trouve un agent Y qui cherche à vendre le bien x_2 contre le bien x_1, les deux biens étant estimés pour une valeur égale. Un problème se pose dès que X désire un bien possédé par Y, alors qu'il ne détient pas la contre-prestation exigée par ce dernier[1].

La réalisation d'une opération de troc exige deux conditions :

— il est nécessaire qu'il y ait deux contre-prestations simultanées et complémentaires quant aux désirs des coéchangistes (personne ne peut échanger un produit sans que simultanément une autre personne donne un bien lui appartenant) ;
— les deux contre-prestations doivent être estimées à la même valeur par les deux individus.

1. Comme le notait le Pr Wolowski : « Un cultivateur possède 1 hectolitre de blé ; il a besoin d'une paire de souliers, il entre chez un cordonnier pour offrir sa marchandise et demande des souliers en retour. Le cordonnier n'a pas besoin de blé, ou bien il n'en voudra que quelques décalitres et le cultivateur n'aura que faire de plusieurs paires de souliers ; que fera celui-ci, ira-t-il chercher un autre acheteur pour échanger le surplus de son blé contre une autre denrée dont il n'a aucun besoin pour le moment ; c'est sa seule ressource, mais quel embarras sera le sien ? », *De la monnaie,* 1868.

L'économiste Clower définit la nature des relations d'échange à partir de la liste des pairs de biens que l'on peut échanger directement l'une contre l'autre. L'économie de troc correspond à la relation d'échange maximale (chaque bien peut être échangé contre n'importe quel autre) ; en revanche, dans une économie monétaire, un bien ne peut être échangé que contre de la monnaie. La relation d'échange peut être représentée dans un tableau à double entrée dans lequel l'existence d'un marché pour l'échange des deux biens est indiquée par une croix dans la case correspondante.

	1	2	3	4
1		x	x	x
2	x		x	x
3	x	x		x
4	x	x	x	

Fig. 5. — Les relations d'échange dans une économie de troc où quatre biens numérotés de 1 à 4 sont produits

Soit un panier de biens $G = (G_1, G_2, G_3, \dots, G_n)$, et une relation d'échange E. Si l'échange entre deux biens G_i et G_j est possible on écrira : $G_i \, E G_j$ (le bien *i* peut être échangé directement contre le bien *j*). Alors en économie monétaire cette relation sera réflexive, symétrique, non transitive (la transitivité dans les relations d'échange est le fait des économies de troc).

A la suite de Clower, on peut donc définir une économie monétaire, comme une économie dans laquelle il existe des biens qui ne remplissent pas le rôle de la monnaie (*i.e.* qui ne sont pas directement échangeables contre les autres) : « La monnaie achète les biens et les biens achètent la monnaie ; mais les biens n'achètent pas les biens. »

	1	2	3	4
1		x	x	x
2	x		0	0
3	x	0		0
4	x	0	0	

Fig. 6. — Les relations d'échange dans une économie monétaire (le bien 1 étant pris comme numéraire)

Les inconvénients du troc résident dans l'information et dans la coordination des décisions qui sont nécessaires à tous les stades de l'échange. Le troc représente une situation d'échange qui n'est pas optimale, car il est beaucoup plus coûteux que l'échange monétaire. Il est possible de distinguer trois types de coûts supplémentaires :

1 / *Coûts d'information.* — Le calcul monétaire réduit l'ensemble des prix que les individus doivent connaître pour être pleinement informés des valeurs d'échange relatives des biens entre eux. Il apparaît impossible — même si les marchés pour toutes les paires de biens sont ouverts — que les biens puissent transiter directement de l'offreur final au demandeur final. Cela supposerait la « double coïncidence des besoins » qui dans des économies modernes caractérisées par la division du travail, la disparition de l'artisanat, la complexité et la longueur des circuits d'échange a très peu de chance de se produire. Cette « double coïncidence des besoins » ne peut être obtenue que par le plus grand des hasards, elle ne saurait constituer la règle ou alors la division du travail est très peu poussée. L'échange direct est donc quasiment impossible dans des économies développées, certains biens doivent donc servir de moyens d'échange, c'est-à-dire être à la fois demandés et offerts par les mêmes personnes.

La monnaie rend comptable les excès d'offre et de demande des échangistes, elle fournit des informations sur les déséquilibres potentiels *via* le système des prix et elle permet une décentralisation des échanges. Notons que la diminution des coûts d'information est d'autant plus grande que le nombre de biens est important.

2 / *Coûts d'organisation.* — Si dans une économie, il y a n biens, l'échange de troc exige un marché pour chaque pair de biens ce qui représente : $[n \times (n - 1)/2]$ marchés[1]. En revanche, si un de ces biens est pris comme étalon monétaire, il n'y a plus qu'un nombre réduit de marchés à organiser.

Cette analyse a été développée par Walras, elle se trouve à la 11e leçon des *Eléments d'économie politique pure.* Après avoir exposé la théorie de l'échange entre deux biens, Walras généralise en montrant que les rapports d'échange entre n biens sont moins nombreux que les relations prises deux à deux, à condition que l'un des biens soit pris comme numéraire (celui-ci n'est pas forcément une monnaie à part entière au sens où il sert de référence dans l'échange sans avoir nécessairement un pouvoir d'achat généralisé). Dans ce cas, l'arbitrage opéré par les échangistes ramène les $n(n - 1)/2$ rapports d'échange possibles à $(n - 1)$ rapports exprimés dans le n-ième bien. En d'autres termes, lorsque le troc prévaut, les échangistes doivent prendre en compte un grand nombre de prix relatifs (ceux de tous les biens pris deux à deux) ; en revanche, si un numéraire apparaît, la connaissance du prix de chaque bien en termes de numéraire est suffisante pour assurer la viabilité de l'échange.

Raisonnons sur trois biens : A, B, C. En situation de troc, les rapports d'échange s'expriment deux à deux : A/B ; A/C ; B/C. Si le bien A est pris comme numéraire,

1. La combinaison de deux éléments parmi n donne $[n \times (n - 1)/2]$ possibilités.

alors deux rapports d'échange suffisent pour déterminer le système des prix : A/B et A/C. L'échange du bien B contre le bien C sera indirect, il se fera en rapportant la valeur de B contre A puis de A contre C.

3 / *Coûts de transfert*. — En économie de troc, tout transfert d'un bien d'un individu vers un autre droit s'accompagner d'un transfert de sens contraire et de même valeur, destiné à servir de contrepartie. Il y a donc deux types de coûts : des coûts nécessaires correspondant au transfert des biens de l'offreur final au demandeur final ; des coûts ultimes correspondant à la circulation des contreparties. L'introduction de la monnaie qui a par définition un faible coût de transfert permet de supprimer ces derniers.

2. **Le rôle de la monnaie.** — Pour que l'échange puisse se dérouler sans gêne, il est nécessaire que celui qui offre un produit rencontre une marchandise généralement acceptée par tous, à l'aide de laquelle il puisse obtenir ce dont il a besoin. Les biens échangeables sont en nombre presque infini, seule la monnaie permet de les rendre directement comparables les uns par rapport aux autres, elle constitue ainsi — par-delà la diversité des langues et l'opposition des intérêts — le langage commun des affaires. La monnaie facilite la division du travail et par un effet retour, les échanges monétaires se développent au fur et à mesure que cette division du travail devient plus poussée.

La monnaie peut être définie à partir des trois fonctions qu'elle remplit :

1) Elle est un intermédiaire des échanges. La monnaie brise l'identité immédiate des deux actes d'échange, la vente et l'achat sont désormais séparés. Le vendeur n'est pas forcé d'acheter ni au même lieu, ni au même temps, ni à la même personne à laquelle il a vendu (la vente n'implique plus la nécessité de l'achat immédiat). La monnaie assure la rupture du troc en deux échanges indépendants. Elle doit être un moyen de paiement accepté par tous et

en tous lieux[1] : elle permet l'achat des biens et l'extinction des dettes.

2) Elle est une unité de compte. Grâce à la monnaie des biens hétérogènes peuvent être comparés. L'usage de la monnaie permet la détermination d'une échelle générale des prix, c'est-à-dire de rapports d'échanges généraux, alors que le troc ne donne que des rapports d'échange particuliers, sans liens entre eux faute d'une mesure commune.

3) Elle joue un rôle de réserve de valeur. La monnaie doit assurer la permanence des valeurs mesurées dans le temps. L'épargne, par exemple, est fondée sur l'assurance implicite que la valeur des biens de consommation auxquels on renonce dans le présent pourra être retrouvée dans son intégralité dans l'avenir.

Pour compléter cette présentation, il est possible de dire avec Keynes que la monnaie remplit une fonction de liquidité. En effet, la monnaie possède une qualité particulière : elle est immédiatement convertible en n'importe quel bien ou service. Elle est dite « porteuse de choix », elle permet d'acquérir tout objet soumis à la vente. Tous les biens à l'exception de la monnaie ont une utilisation précise qui leur confère une relative rigidité, au contraire, la monnaie n'a aucune destination particulière, elle constitue la liquidité par excellence. Les études statistiques menées sur le long terme montrent en outre que la demande d'encaisse monétaire de la part des ménages s'accroît plus vite que la progression de leurs revenus, la monnaie est un bien de luxe[2].

1. En fait, la monnaie est liée à un espace de souveraineté (le franc ne peut être refusé comme moyen de paiement en France, alors qu'à l'étranger personne n'est obligé de l'accepter. Elle est une création de la loi, une simple convention : il suffit qu'un nouvel étalon lui soit substitué pour qu'elle perde toute valeur.

2. Les biens de luxe s'opposent aux biens inférieurs (comme le pain) dont la consommation diminue au fur et à mesure de l'accroissement du revenu des ménages.

3. **Le fonctionnement de l'économie monétaire.** — Au-delà de la monnaie métallique qui correspond à des formes monétaires très anciennes, on distingue la monnaie fiduciaire (les billets de banque) et la monnaie scripturale (les chèques)[1]. Le système bancaire est organisé hiérarchiquement, au sommet la Banque centrale émet les billets de banque et exerce une activité de contrôle sur l'activité des banques dites de second rang qui sont en contact direct avec la clientèle.

Lorsque les banques accordent des crédits aux ménages et aux entreprises, elles inscrivent sur le compte de ces derniers les sommes qui correspondent à ces prêts : elles créent alors de la monnaie par simple « jeu d'écriture ». A la différence des entreprises, les banques accroissent leurs ressources (les dépôts) à partir de leurs emplois (les crédits). L'ouverture d'un crédit ne signifie pas que la banque fournit des billets — qu'elle détiendrait en dépôt — immédiatement utilisables pour régler des achats, mais simplement que le client possède un droit de tirage sur un compte.

Ce pouvoir de création monétaire est toutefois limité et contrôlé. La majeure partie de la monnaie ainsi créée, 80 % environ dans l'économie française, est aussi dépensée par jeu d'écriture, le chèque et le virement étant des ordres donnés à un banquier de transférer un avoir d'un compte sur un autre. Mais l'autre partie peut être convertie en monnaie « Banque centrale » : c'est le cas lorsqu'une banque fournit des billets et des devises à ses clients ou lorsqu'elle est débitrice vis-à-vis d'autres banques. Les institutions financières ont donc des problèmes de liquidité dès qu'elles doivent effectuer des règlements dans une forme de monnaie qu'elles ne créent pas. Ces « fuites » exercent une contrainte sur la création moné-

1. D'un point de vue historique, les règlements par ordre de virement sont contemporains de l'apparition des premières banques. L'utilisation de la monnaie scripturale a donc précédé celle des billets de banque, dont la diffusion dans le public a été plus tardive (à partir du XVIIe siècle), mais néanmoins plus rapide.

taire des banques. Les autorités monétaires peuvent accroître ces fuites et ce faisant la dépendance des banques, en leur imposant de constituer des réserves obligatoires. Dès lors les banques doivent entretenir sur un compte courant non rémunéré, ouvert à la Banque centrale, un solde égal à une fraction des dépôts effectués par leurs clients.

Dans le cas français, ces réserves ont été créées en 1967, elles provoquent une fuite artificielle dans le processus de création monétaire des banques. Jusqu'au début des années 1970, les banques ayant des besoins de liquidité se refinancent en mobilisant leurs créances (effets de commerce, bons du Trésor), c'est-à-dire en vendant ces titres auprès de l'institut d'émission. Celui-ci rachète ou réescompte, à un taux d'intérêt fixe appelé taux d'escompte, ces reconnaissances de dette contractées par les entreprises ou par l'Etat en contrepartie des crédits accordés par les banques. Le taux est normal dans la limite d'un plafond. Au-delà de cette limite, pour décourager les banques de se procurer de la monnaie « Banque centrale » et donc d'accorder de nouveaux crédits à leurs clients, les opérations de refinancement sont soumises à un taux de pénalisation, taux d'enfer ou de super-enfer.

Au début des années 1970, le marché monétaire a progressivement remplacé le réescompte. Marché des capitaux à court terme (deux ans au maximum) par opposition au marché financier — qui lui est le marché à moyen et long terme (plus de deux ans) —, il permet aux banques qui ont des surplus de trésorerie de les prêter, moyennant un taux d'intérêt, à celles qui ont des déficits. Par ses interventions sur le marché monétaire, la Banque centrale peut agir sur la liquidité des banques et contrôler leur création monétaire.

D'une manière générale, le financement des entreprises peut se concevoir au travers de deux grands modes d'organisation de l'économie monétaire :

a) Dans une économie de finance indirecte les agents à besoin de financement ne sont pas en contact avec ceux qui ont des capacités de financement, les banques jouent un rôle d'intermédiaire en assurant la transformation de dépôts à court terme, en crédits à plus long terme.

b) Dans une économie de finance directe, les entreprises qui sont à la recherche de capitaux s'adressent aux marchés financiers en vendant directement aux épargnants des titres financiers (actions et obligations).

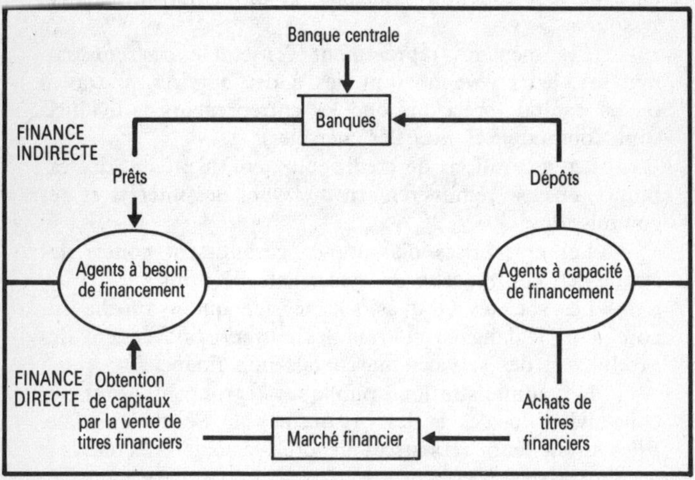

Fig. 7. — Les circuits de financement

III. — Le circuit économique

La comptabilité nationale permet de définir les différents agents économiques et de décrire les relations économiques qui les unissent.

1. **Les agents économiques.** — Une économie est constituée de millions d'agents économiques : des entreprises industrielles, des ménages actifs, des sociétés d'assurances, des collectivités locales, des artisans, etc. Ils sont amenés à prendre quotidiennement des décisions économiques, ils

achètent des biens et services, ils versent des impôts directs ou indirects, ils perçoivent des revenus...

Il est impossible de vouloir rendre compte de leurs comportements individuels. Seul un regroupement de tous ces centres de décision en catégories homogènes rend possible l'analyse économique. La comptabilité nationale regroupe ces agents en six secteurs institutionnels sur la base de leur fonction principale et de la nature de leurs ressources.

— Les ménages représentent l'ensemble des consommateurs, leurs revenus sont liés à des apports en travail ou en capital (précisons que les entrepreneurs individuels sont comptabilisés avec les ménages).

— Les institutions de crédit collectent et prêtent des capitaux, elles se rémunèrent en prélevant des intérêts et des commissions.

— Les entreprises d'assurance garantissent contre des risques en contrepartie de versements de primes.

— Les sociétés et quasi-sociétés (ce qu'on appelle encore dans le langage courant les entreprises) vendent des produits et des services marchands non financiers.

— Les administrations publiques regroupent l'Etat, les collectivités locales et les organismes de Sécurité sociale. Elles tirent leurs ressources de prélèvements effectués sur les autres secteurs.

— Les administrations privées sont des organismes privés sans but lucratif produisant des services non marchands. Elles correspondent grossièrement aux associations, aux syndicats et aux coopératives.

Enfin, tous les agents économiques qui ne résident pas sur le territoire national sont regroupés sous le sigle « reste du monde ».

2. **Un circuit simplifié à deux catégories d'agents.** — Les opérations économiques sont enregistrées à partir de flux (symbolisés par des flèches dont le sens indique la destination) qui représentent des transferts de biens ou services ou des transferts monétaires.

La présentation par le circuit correspond à une vision keynésienne de l'économie, elle s'oppose à vision classique ou néo-classique basée sur les marchés. Cette dernière est basée sur l'hypothèse d'indépendance entre l'offre et la demande qui de par leur rencontre déterminent un prix d'équilibre et les quantités échangées[1]. La relation entre l'offre et la demande au travers des revenus n'est pas établie.

Au contraire, l'idée essentielle de la présentation par le circuit est d'insister sur l'interdépendance qui existe entre les agents économiques. La production détermine les revenus, ces derniers permettent des dépenses qui servent à acquérir la production initiale (les dépenses des uns constituent les revenus des autres).

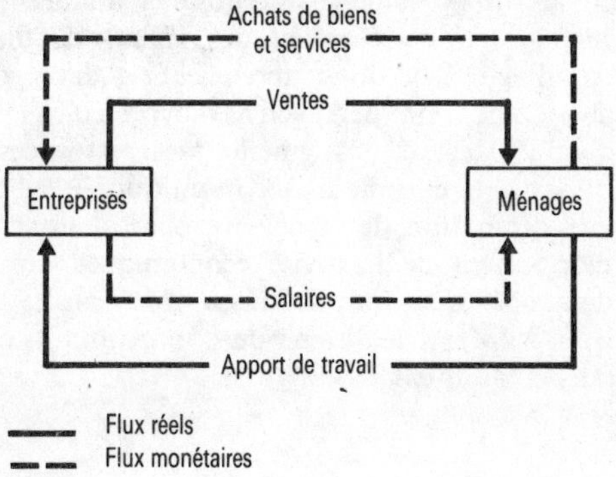

Fig. 8. — Le circuit économique simplifié

a) Si l'on raisonne uniquement sur les entreprises et les ménages. — En économie fermée — et si l'on suppose que toute la production est composée de biens de consommation ou de services (pas d'épargne et d'investissement), la description de l'économie peut se faire simplement à partir

1. Voir le § IV du même chapitre.

de ce qui est échangé. Les ménages apportent leur travail et reçoivent en échange des biens. A ces flux réels correspondant aux mouvements de biens et services se superposent des flux monétaires qui en sont l'exacte contrepartie.

Dans ce schéma, l'équilibre du circuit est toujours respecté (le circuit est parfaitement bouclé) puisque les revenus distribués aux ménages représentent exactement la valeur de la production offerte par les entrepreneurs. Les revenus (R) sont convertis en consommateur (C) et l'on peut écrire : R = C.

b) Considérons désormais que les ménages peuvent épargner et que les entrepreneurs doivent investir. — L'épargne constitue une fuite dans le circuit puisqu'elle ne revient pas vers les entreprises sous forme d'achats. Les entreprises vont récupérer une partie de cette épargne en émettant des titres financiers destinés à financer leurs investissements, qui représentent des achats de biens (machines, outillage...) et donc une injection de revenu dans le circuit. Dans une perspective keynésienne, l'épargne, acte individuel destiné à augmenter ses ressources futures, diminue — au niveau macro-économique — les possibilités de consommation des ménages, elle est donc un frein au développement de l'activité économique.

La demande (D) qui s'adresse aux entrepreneurs a deux composantes : les biens de consommation C et les biens d'investissement I :

$$D = C + I.$$

Les ménages utilisent leurs revenus pour la consommation C et pour l'épargne S :

$$R = C + S.$$

La condition de bouclage du circuit exige donc que I = S.

3. **L'introduction de l'Etat.** — Le rôle de l'Etat est d'assurer un certain nombre de services qui ne peuvent pas

être fournis par des entreprises privées et d'assurer une redistribution des revenus. L'Etat est lui-même l'employeur des fonctionnaires, il joue donc un rôle important en matière de politique salariale. La prise en compte de l'Etat entraîne une nouvelle fuite dans le circuit (les impôts) mais aussi de nouvelles injections (les subventions et les dépenses publiques).

Dans la vision keynésienne du circuit l'épargne n'est pas donnée une fois pour toutes, elle dépend du revenu. L'Etat peut donc par une politique de dépenses publiques stimuler l'activité économique, ce qui générera nécessairement une épargne supplémentaire destinée à financer les nouvelles dépenses d'investissement (la dépense détermine l'épargne au travers de la variation du revenu). C'est le mécanisme du multiplicateur keynésien[1].

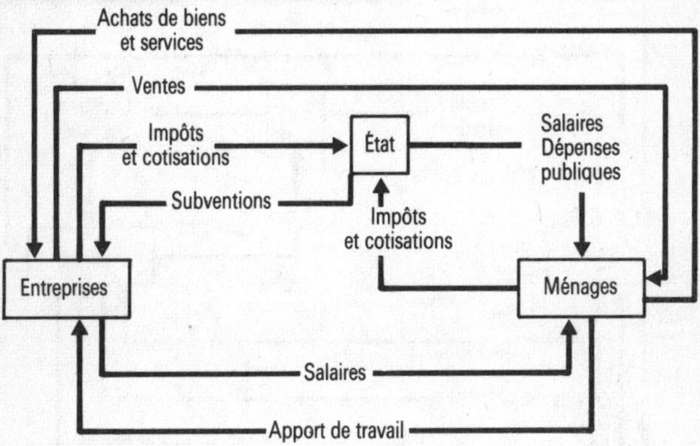

Fig. 9. — L'Etat dans le circuit économique

Les cotisations sociales sont assises sur les revenus d'activité. Pour les emplois salariés les cotisations se décomposent en une part à la charge des employeurs, l'autre à la charge des travailleurs. Les charges sociales relatives aux

1. Voir le § IV du chapitre 3.

salaires représentent pour l'entreprise un élément du coût du travail au même titre que le salaire direct.

4. **Le rôle des banques.** — Les établissements de crédit assurent un rôle d'intermédiation financière. Ils créent de la monnaie sous forme de crédits accordés aux entreprises. Ces lignes de crédit permettent aux entreprises d'acheter des facteurs de production (versements de salaires, achats de matières premières et de biens d'équipement). Les fournisseurs et les ménages dépensent une partie des revenus qui leur sont versés, l'autre étant déposée sur des comptes bancaires. Les banques récupèrent sous forme de dépôts en provenance des entreprises et des mé-

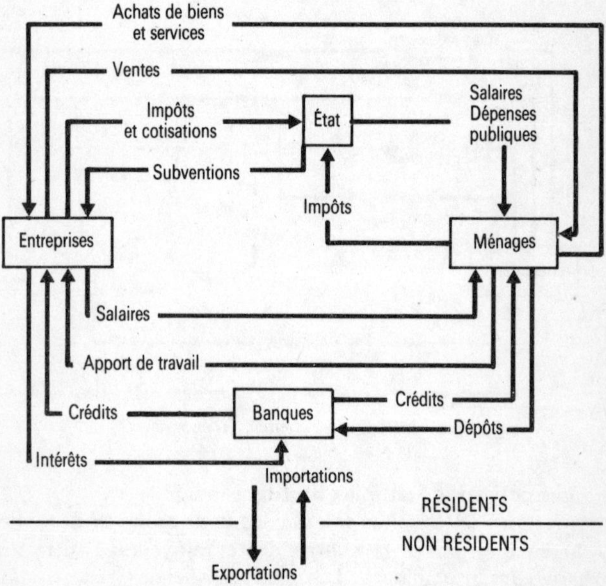

Fig. 10. — Le circuit économique avec les banques et les relations extérieures

nages, ce qu'elles ont créé au travers des crédits accordés. Ainsi les crédits font les dépôts.

Dans une optique keynésienne, le stock de monnaie n'est pas une variable exogène, fixée par la Banque centrale et directement dépendante de la propension à épargner des ménages. Il est plutôt un résidu de flux monétaires engendrés par la distribution de crédits nécessaires au financement des activités de production.

IV. — Les marchés et la concurrence

A l'origine le marché est un emplacement géographique — la place du village par exemple — où sont exposés à des dates fixes des marchandises destinées à la vente. Par la suite, dans les centres urbains, certains marchés deviennent permanents, c'est le cas notamment des bourses de valeur. Du fait des progrès des communications, cette localisation précise et visible des marchés n'est souvent plus d'actualité. Les vendeurs et les acheteurs peuvent être éparpillés sur le territoire national et parfois même dans le monde (pour certaines marchandises comme les matières premières) et être néanmoins reliés entre eux dans un marché, les transactions s'effectuant par courrier, téléphone ou télex.

Le marché est le lieu où s'effectuent des transactions, le lieu de rencontre d'une offre et d'une demande. Il symbolise l'environnement économique dans lequel sont placés les vendeurs et les acheteurs.

L'opposition entre le marché et l'Etat est souvent faite, elle est en partie trompeuse, puisque l'un et l'autre se complètent. Le marché ne peut fonctionner que s'il existe des règles définies par la puissance publique qui protègent les partenaires à l'échange. Un des rôles les plus importants de l'Etat étant sans doute de protéger la concurrence et non les concurrents. L'étude des marchés doit être complétée par une étude des organisations (administrations publiques, firmes multinationales) qui les structurent en introduisant des principes d'ordre.

Les différentes structures de marché dépendent du nombre de producteurs en présence, ce qui permet d'opposer trois grands cas de figures : la concurrence, l'oligopole et le monopole.

Nombre de producteurs	Multitude	Quelques-uns	Un seul
Type de marché	Concurrence	Oligopole	Monopole

1. **La loi de l'offre et de la demande.** — Le marché permet de décloisonner les transactions d'individu à individu, et à partir du moment où l'information circule librement un état d'équilibre finit par s'établir entre le groupe des acheteurs et celui des vendeurs dont les intérêts respectifs sont naturellement opposés.

L'économie représentée comme un ensemble de marchés correspond à la vision de la théorie néo-classique. Sur ces marchés sont placés un ensemble indifférencié d'agents, chacun d'entre eux possédant une dotation en facteurs de production et des goûts fixés en matière de consommation. Les conditions techniques étant données, une position d'équilibre général correspond à la situation dans laquelle le système des prix est tel que tous les marchés sont équilibrés et dans laquelle il n'est pas possible d'améliorer la position d'un individu en modifiant son offre de production ou sa dépense de consommation sans détériorer la situation d'au moins un autre.

Sur chaque marché la courbe de demande décrit la variation des quantités demandées par les consommateurs en fonction de l'évolution des prix. Lorsque les biens sont normaux (absence d'effet de snobisme) les consommateurs préfèrent pour un même bien un prix réduit à un prix élevé. La demande est donc une fonction décroissante des prix.

La courbe d'offre représente le point de vue des producteurs qui produisent d'autant plus que les prix sont élevés. Les quantités offertes sont donc une fonction croissante des prix.

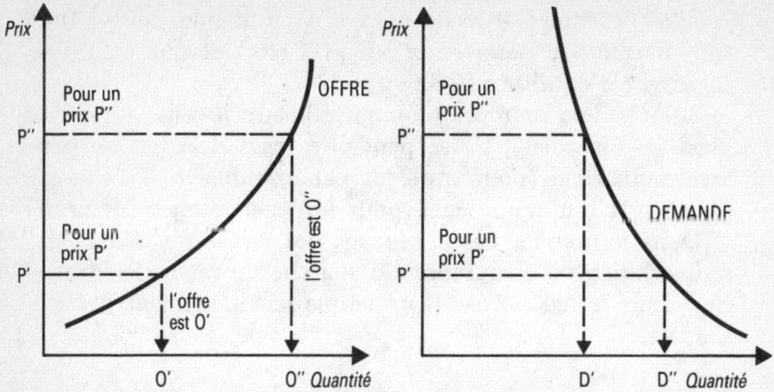

Fig. 11. — Les courbes d'offre et de demande

Si sur un marché l'offre est supérieure à la demande, la concurrence entre les entreprises amène une baisse des prix, nécessaire pour écouler les invendus. Dans le cas contraire, si la demande est supérieure à l'offre, les producteurs sont en position de force et ils peuvent donc accroître leurs prix. Dans ces deux cas de figure, la variation des prix se poursuit jusqu'à ce que le déséquilibre entre l'offre et la demande se résorbe entièrement. Le prix se

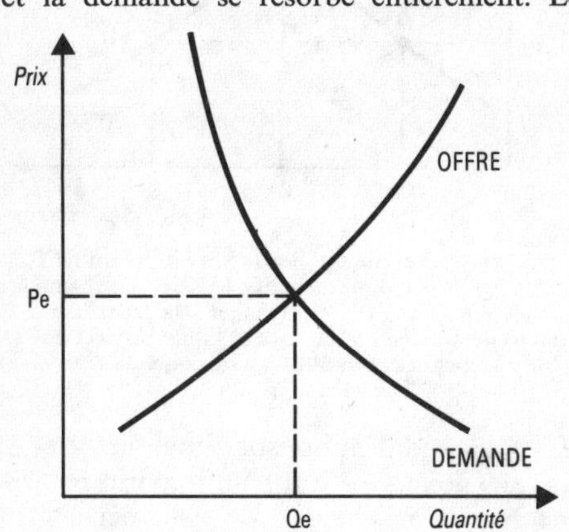

Fig. 12. — L'équilibre de marché

stabilise lorsque l'offre est égale à la demande, cette situation permet de déterminer un prix (P*e*) et une quantité échangée d'équilibre (Q*e*).

Sur certains marchés (comme celui du logement ou des produits agricoles), l'Etat peut être tenté de fixer un prix maximum légal (pour protéger par exemple les locataires) ou un prix minimum légal (pour protéger les agriculteurs).

Dans le premier cas le blocage des prix à un niveau inférieur au prix d'équilibre du marché entraîne des pénuries, dans le second cas il provoque inévitablement des excédents.

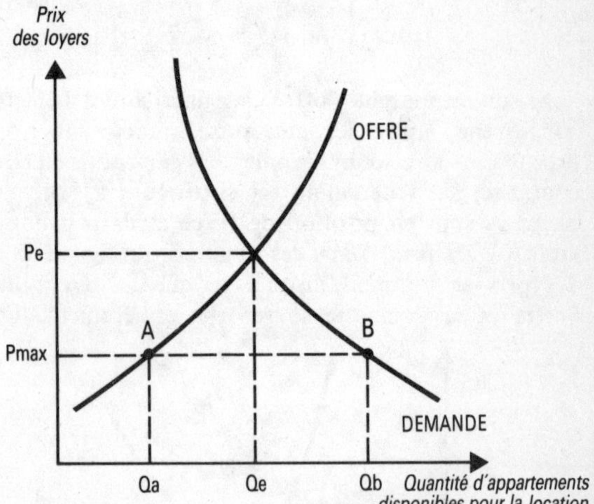

Fig. 13. — Le blocage des loyers au niveau de P_{max} conduit à une pénurie d'appartements à louer représenté par la distance AB (à ce prix les ménages à la recherche d'un appartement demandent Q_b, alors que l'offre ne vaut que Q_a). L'équilibre de pénurie s'établit du côté court du marché au point A.

Les effets d'amplification sont toujours très marqués. Le blocage des loyers — qui peut apparaître comme une simple mesure de justice sociale — amène un décalage spectaculaire entre le nombre d'appartements demandés et offerts. Les locataires en place sont privilégiés, ils exigent lors de leur départ des droits de reprise. On assiste à une dégradation du parc de logements, les propriétaires n'ayant plus intérêt à les entretenir, ce qui amplifie encore plus la pénurie.

La concurrence pure et parfaite
repose sur cinq hypothèses :

1) *Atomicité.* — Les consommateurs et les producteurs qui interviennent sur le marché sont très nombreux : c'est leur rivalité qui donne sa force aux mécanismes de la concurrence. Du fait de leur très grand nombre les décisions des agents prises individuellement n'ont pas d'influence (ou une influence négligeable) sur la variable prix qui régule le marché.

2) *Homogénéité des produits.* — Les biens qui font l'objet de transactions sont fabriqués de manière homogène chez les différents producteurs. Il n'y a pas de différences de qualité qui conduiraient à segmenter le marché et à fausser la concurrence par les prix. Les produits sont objectivement semblables et de ce fait il n'y a pas d'élément de confiance qui inciterait les consommateurs à s'approvisionner auprès de tel entrepreneur plutôt qu'auprès de tel autre (anonymat des agents).

3) *Information parfaite.* — Les entrepreneurs et les consommateurs ont, les uns et les autres, une information complète sur les transactions qui peuvent s'effectuer autour d'eux ou sur les offres et les demandes qui peuvent se manifester avant que les transactions proprement dites ne se déclenchent. En conséquence, le prix qui prévaut est unique.

4) *Entrée libre.* — Il n'y a pas de discrimination pour entrer sur le marché, n'importe quel nouveau consommateur ou producteur peut consommer ou produire dans les mêmes conditions que ceux qui sont déjà en place. Il n'y a donc pas de barrière à l'entrée, de droits de douanes, de quotas ou d'ententes entre les producteurs.

5) *Mobilité des facteurs.* — Les facteurs de production peuvent se déplacer ou être déplacé d'un marché à un autre.

---

2. **Analyse de la concurrence.** — Notons que le modèle de concurrence pure et parfaite reste théorique. Dans la réalité, comme l'a noté Joan Robinson *(L'économie de la*

concurrence imparfaite), les consommateurs ne réagissent pas tous de la même manière aux écarts de prix existants entre les différents points de vente. Il est clair que l'inertie des comportements, l'ignorance des prix affichés par les autres concurrents, les coûts de transport, la notoriété attachée à une marque connue peuvent fausser la logique du choix.

Néanmoins, en situation de concurrence, le prix est fixé à l'extérieur de l'entreprise par la rencontre de l'offre et la demande sur le marché. La courbe de demande qui s'adresse à une entreprise est horizontale. Faire varier sa production est donc la seule manière pour l'entreprise de maximiser son profit, puisque par hypothèse elle n'a pas d'influence sur le prix du marché.

Si l'entreprise accroît ses ventes d'une unité, sa recette augmentera de la valeur sur le marché de l'unité additionnelle. La recette procurée par cette unité (recette marginale, R_m) — si le producteur n'a pas d'influence sur le niveau des prix — va être égale au prix (P) qui prévaut sur le marché.

$$R_m = P.$$

La fonction de profit (π) dépend des quantités vendues (q) :

$$\pi = P \times q - \gamma(q)$$

avec $\gamma(q)$, sa fonction de coût.

Pour que cette fonction soit maximale, il faut que sa dérivée première s'annule :

$$d\pi/dq = P - \gamma'(q) = 0 \leftrightarrow P = \gamma'(q)$$

$$\leftrightarrow R_m = C_m.$$

L'entrepreneur qui désire maximiser son profit en concurrence pure et parfaite doit égaler son coût marginal (C_m) au prix de vente de sa production (règle qui gouverne la décision de production en concurrence pure et parfaite).

En conséquence, l'entrepreneur ne peut augmenter son profit en augmentant sa production, uniquement si l'accroissement de son revenu provoqué par la vente d'une unité supplémentaire excède l'augmentation de son coût (C_m).

La condition de maximisation du second ordre exige que :

$$d\pi/dq = -\gamma''(q) < 0 \leftrightarrow \gamma''(q) > 0.$$

La fonction de coût marginal doit être croissante pour la valeur de la production qui maximise le profit. Si le C_m était décroissant, l'égalité du prix et du coût marginal donnerait un point pour lequel le profit serait minimal.

L'entrepreneur ne produit plus au-delà de q^*, car une

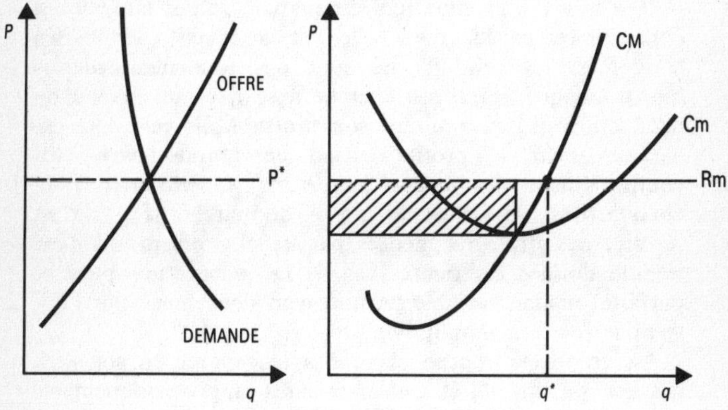

Fig. 14. — Le profit d'une firme en situation de concurrence

La portion de la courbe de coût marginal (C_m) qui est supérieure au coût moyen (CM) représente la courbe d'offre de l'entreprise.

P* Prix d'équilibre.

▨ Profit de l'entreprise.

unité supplémentaire de produit lui coûterait plus cher qu'elle ne lui rapporterait.

Ce résultat n'est valable qu'en concurrence pure et parfaite, l'entrepreneur n'a pas de prise sur le prix du marché *(price taker)*, s'il réclame un prix supérieur à celui du marché il perd toute sa clientèle. Quant aux entreprises qui ont une structure de coût défavorable, elles sont éliminées du marché.

3. **L'oligopole.** — Un marché oligopolistique rassemble un petit nombre de producteurs face à un grand nombre d'acheteurs. Les lois qui gouvernent ce type de marché sont plus complexes que dans le schéma traditionnel de la concurrence. Puisque les oligopoles comprennent un nombre suffisamment restreint d'entreprises pour que l'action de n'importe quelle d'entre elles ait une influence sur la situation des autres firmes.

Il s'agit d'une situation de marché, dans laquelle la concurrence existe, mais elle est atténuée (possibilités d'ententes, les produits ne sont pas totalement identiques). Chaque entreprise cherche à se fixer un niveau de production qui maximisera son profit. Mais ce calcul est aléatoire, car le profit dépend en grande partie du comportement des autres entreprises (la production de chaque firme va influencer le prix de marché). Le prix va résulter des stratégies menées par les oligopoleurs, il n'est ni une donnée extérieure (cas de la concurrence pure et parfaite) ni une variable parfaitement déterminée par l'entreprise (cas du monopole).

La grande entreprise cherche à incorporer en son sein des activités qui lui étaient extérieures (approvisionnement, distribution) pour faire face à l'incertitude et à l'instabilité des marchés et donc pour se prémunir contre une certaine inefficacité productive. Cette recherche de la stabilité peut devenir une motivation supérieure à la recherche de la maximisation du profit ou à la volonté de faire croître sa part de marché. Dans ce cas, pour éviter des guerres de prix fratricides et une course effrénée à l'innovation, la survie de l'entreprise et la tranquillité de ses dirigeants peuvent être assurées par des ententes ou par la formation de cartels.

4. **Le monopole.** — A la différence de la concurrence pure et parfaite, pour vendre une unité supplémentaire, le monopoleur doit abaisser le prix qu'il reçoit pour chaque unité vendue (toute expansion de la production entraîne une réduction du prix de vente).

Alors qu'en concurrence pure et parfaite :

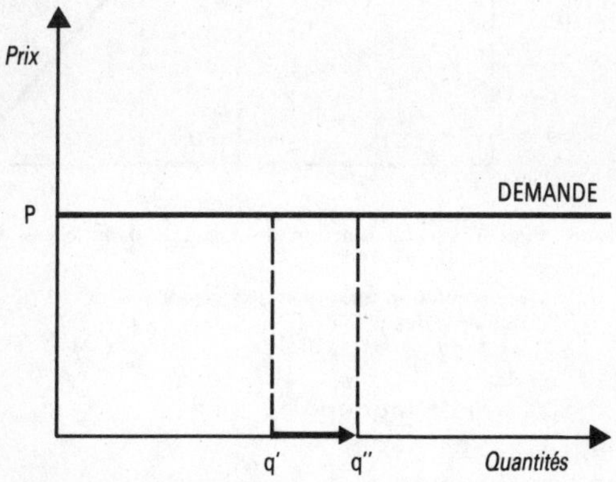

Fig. 15. — En concurrence parfaite, l'entreprise vend à un prix qui est indépendant des quantités qu'elle produit

Pour le monopoleur, la recette totale s'écrit :

$$RT = P \times q$$

d'où :

$$R_m = dRT/dq = P + q \times (dP/dq) = P(1 + 1/\varepsilon)$$

avec ε : élasticité de la demande par rapport aux prix.

En situation de concurrence parfaite :

$$dP/dq = 0$$

d'où :

$$R_m = P.$$

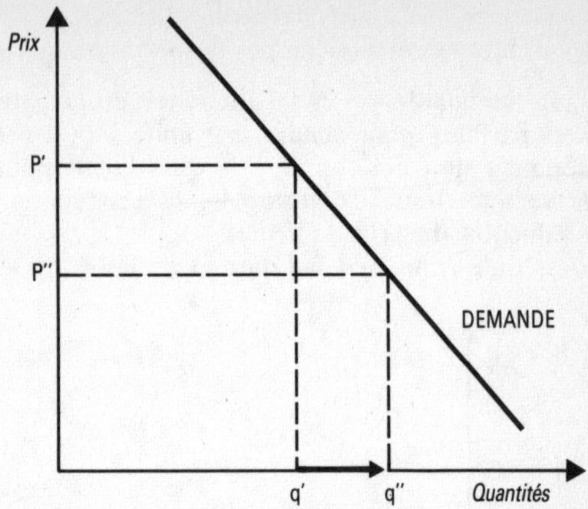

Fig. 16. — La fonction de demande dans le cas d'un monopole

L'augmentation des quantités produites de q' en q'' entraîne une baisse des prix de P' en P''.

En situation de monopole :

$$dP/dq \neq 0$$

$$R_m = P + q \times (dP/dq) \quad \text{avec} \quad dP/dq < 0$$

(décroissance de la courbe de demande).

On a donc $R_m < RT$.

La fonction de profit s'écrit :

$$\pi = RT - CT$$

A l'optimum :

$$d\pi/dq = RT' - CT'(q) = 0 \leftrightarrow RT' = CT'$$

$$\leftrightarrow R_m = C_m.$$

La condition du second ordre exige que :

$$d\pi/dq = RT'' - CT'' < 0 \leftrightarrow RT'' = CT''.$$

Le taux d'accroissement de la R_m doit être inférieur au taux d'accroissement du C_m.

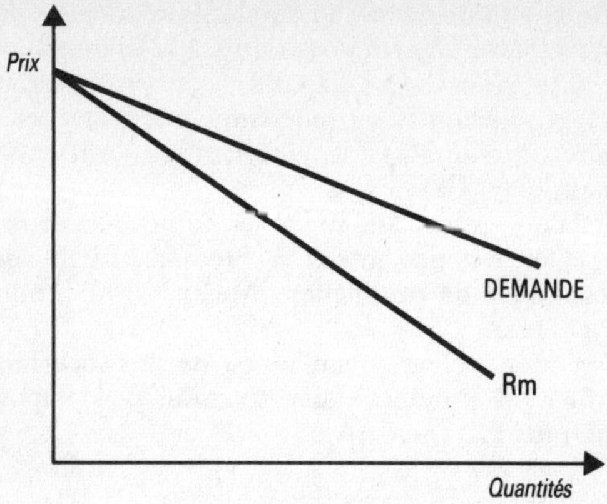

Fig. 17. — La fonction de recette marginale dans le cas d'un monopole

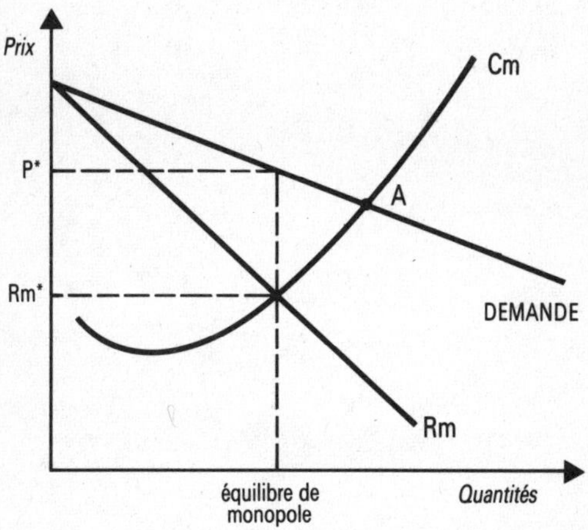

Fig. 18. — L'équilibre de production du monopole

Cette condition est toujours satisfaite lorsque la courbe de R_m est décroissante et celle du C_m croissante.

Le monopoleur peut accroître son profit en augmentant sa production aussi longtemps que le revenu supplémentaire obtenu (R_m) est supérieur au coût supplémentaire supporté (C_m).

La théorie néoclassique de la firme démontre que le monopoleur n'a pas intérêt à produire au maximum de ses possibilités de production. Mais, il doit produire jusqu'au point où $C_m = R_m$.

Si un monopoleur jouait le jeu de la concurrence pure et parfaite, il produirait une quantité plus importante à un prix plus bas (point A).

Chapitre II

ÉCONOMIE OUVERTE ET ÉCONOMIE FERMÉE

La théorie de l'échange international a été fondée par deux économistes anglais : Adam Smith (1723-1790) et David Ricardo (1772-1823). Ces économistes classiques croyaient aux vertus de la concurrence et de libre entreprise. Leur doctrine s'inscrit en rupture avec la théorie mercantiliste qui voyait dans l'échange international uniquement la possibilité d'obtenir des avantages unilatéraux, dans une sorte de jeu à somme nulle où l'un gagne ce que l'autre perd.

L'ouverture croissante des économies sur l'extérieur réduit les possibilités de mener une politique autonome et confère aux problèmes d'ajustement de la balance des paiements une importance vitale.

I. — Analyse théorique de la spécialisation

1. **Les avantages absolus.** — Pour Adam Smith, l'échange international permet aux différentes nations d'écouler leurs surplus de production, il autorise : l'élargissement des marchés, la baisse des prix (et donc l'accroissement de l'épargne), ainsi que l'accentuation de la division du travail.

Les courants commerciaux trouvent leur origine dans les différences de coût de production entre les nations : en fonction des avantages absolus de chaque partenaire à l'échange. Un pays exporte les biens qu'il est capable de produire à des coûts qui sont inférieurs à ceux prévalant dans le reste du monde. En revanche, il est amené à importer les biens qui étaient, en situation autarcique, produits à des coûts de production supérieurs à ceux des producteurs étrangers.

Comme le souligne Adam Smith : « Si un pays étranger peut nous fournir une marchandise à un meilleur marché que nous sommes en état de l'établir nous-mêmes, il vaut mieux que nous la lui achetions avec quelque partie de notre industrie, employée dans le genre dans lequel nous avons quelques avantages. »

Cependant, en appliquant ce raisonnement à un cas limite (mais relativement fréquent), on aboutit à une conclusion surprenante : si un pays peut produire à un moindre coût et sans limitation de volume, tous les biens dont a besoin un autre pays, celui-ci aurait tout intérêt à tout lui acheter et n'aurait rien à lui vendre en contrepartie. Une telle situation est inconcevable : l'ouverture à l'échange conduit à l'impossibilité de l'échange.

2. **Les avantages comparatifs.** — Ricardo va trouver une solution à cette impasse, en cherchant dans quelles limites l'échange est possible et souhaitable entre deux pays. Pour définir des critères de spécialisation, Ricardo illustre son analyse par un exemple, en retenant les hypothèses suivantes :

— Le monde est réduit à deux pays, l'Angleterre et le Portugal [1], qui produisent deux types de biens (le vin et le drap). En situation autarcique, chaque pays utilise pleinement sa main-d'œuvre en produisant une unité de chaque bien (chaque pays a besoin au minimum d'une unité de vin et d'une unité de drap).

— Les techniques de production sont fixes, mais différentes entre les pays. Les rendements sont constants.

1. Il est possible de prendre en compte un plus grand nombre de pays en raisonnant sur une nation et en considérant que le reste du monde représente son partenaire à l'échange.

— Les biens sont produits uniquement avec du travail, facteur de production mobile sur le plan interne, mais immobile sur le plan international[1].

— Les coûts de production (en heures de travail pour une unité de bien) sont donnés par le tableau suivant :

	Vin (V)	*Drap* (D)
Angleterre	120	100
Portugal	80	90

Fig. 19

Les techniques de production sont bien différentes entre ces deux pays, mais elles sont systématiquement à l'avantage du Portugal qui possède un avantage absolu dans la production des deux biens. En situation autarcique, la production des deux unités de vin et de drap, qui correspondent à l'ensemble des besoins mondiaux, nécessite 390 heures de travail (120 + 80 + 100 + 90).

Si l'on s'en tient à la thèse d'Adam Smith, on pourrait conclure que c'est au Portugal que toute la production de marchandises doit être localisée. En effet, si le Portugal produisait les deux unités de vin et de drap, cela nécessiterait seulement 340 heures de travail (2 × 80 + 2 × 90). Si les facteurs de production étaient mobiles, les coûts absolus décideraient de la spécialisation et la population s'ajusterait par l'immigration ou l'émigration. Cette conclusion logique n'est en fait pas opératoire, puisque l'Angleterre n'accepterait jamais une ouverture sur l'extérieur qui conduirait à sa perte en tant que nation (par l'installation de toute la main-d'œuvre anglaise au Portugal).

Dans une vision plus réaliste, supposons que ces deux

1. Même encore aujourd'hui, le travail n'est pas encore entièrement mobile à l'intérieur d'un même pays, alors que le capital est de plus en plus mobile internationalement. De toute façon, la théorie de l'échange peut se contenter d'une immobilité relative des facteurs.

pays cherchent à se partager le travail correspondant à ces deux productions. Selon quel critère ce partage va-t-il s'effectuer ? Ricardo propose de raisonner en termes relatifs, en comparant les coûts de chaque pays pour les deux types de production. Pour le vin : la productivité des viticulteurs britanniques ne représente que 80/120 = 66 % de celle de leurs confrères portugais. Pour le drap : la productivité des fabricants anglais atteint 90/100 = 90 % de celle des fabricants portugais. L'Angleterre est moins désavantagée dans la fabrication de drap que dans celle du vin, on dira qu'elle détient un avantage comparatif dans cette production. Le Portugal possède un avantage plus important dans la production de vin, il détient donc un avantage comparatif pour le vin.

Si chaque pays accepte[1] de se spécialiser sur la production où il possède un avantage comparatif, l'ouverture sur l'extérieur conduit non pas à une impasse, mais à un gain profitant à l'ensemble des partenaires[2]. Dans le cas où le Portugal produit les deux unités de vin en abandonnant une production de drap assurée désormais par l'Angleterre : les coûts de production mondiaux s'élèvent à 360 heures de travail (2 × 80 + 2 × 100). L'échange international est donc efficace, puisqu'il permet de produire à des coûts plus faibles qu'en situation autarcique[3], il ne s'effectue pas selon les avantages absolus, qui dans cet exemple conduisent à une impossibilité pratique, mais selon les avantages relatifs[4].

1. Le choix de l'échange peut s'avérer être une obligation pour un pays qui dispose de peu de terres et de matières premières.

2. Ceci est vrai dans le cas général, cependant il est possible de trouver des contre-exemples qui conduisent exactement à la conclusion inverse (voir l'annexe).

3. On peut dire encore que la spécialisation permet à chaque pays de produire plus avec le même nombre d'heures de travail, le Portugal avec 170 heures produit, 2,125 unités de vin, l'Angleterre avec 220 heures produit 2,2 unités de drap.

4. Il s'agit d'un optimum de second rang, le véritable optimum serait non pas que le Portugal se spécialise dans la production de vin et l'Angleterre dans la production de drap, mais que les Anglais aillent avec les capitaux au Portugal pour produire l'un et l'autre.

La théorie ricardienne de l'échange international a donc un caractère profondément paradoxal : elle démontre qu'un pays qui est désavantagé partout, qui a un retard de productivité sur tous les biens, a néanmoins intérêt à s'ouvrir sur l'extérieur et à échanger. De même, le Portugal qui est avantagé sur toutes les productions a néanmoins intérêt à importer, même si le produit acheté à l'étranger peut être fabriqué localement à des coûts inférieurs.

L'existence d'un gain peut être clairement établi si l'on raisonne sur les rapports d'échange :

	Vin (V)	*Drap (D)*	*Rapport d'échange interne autarcique*	*Coût d'opportunité*
Angleterre	120	100	120/100 = 12/10	1 D = 10/12 V
Portugal	80	90	80/90 = 8/9	1 D = 9/8 V
Ecart de productivité	80/120 = 66 %	90/100 = 90 %		

Fig. 20

En situation autarcique, une unité de vin au Portugal s'échange contre 8/9 d'unité de drap, compte tenu du travail nécessaire à la fabrication de l'un et l'autre bien (en situation isolée, le Portugal doit pour produire une unité supplémentaire de vin renoncer à 0,88 unité de drap). Si le Portugal décide de fabriquer deux unités de vin et d'en vendre une à l'Angleterre contre du drap, il va obtenir en contrepartie sur le marché anglais 12/10 d'unité de drap, soit une quantité qui aurait nécessité 108 unités de travail (12/10 × 90) si elle avait été produite sur son territoire (ainsi 80 heures de travail acquièrent un pouvoir d'achat de 108 heures grâce à l'échange international).

De même, si l'Angleterre décide de produire deux unités de drap et d'en échanger une contre du vin au Portugal, elle obtient 9/8 d'unité de vin sur le marché portugais, quantité pour laquelle les producteurs anglais auraient consacré 135 unités de travail (9/8 × 120). Ainsi, en allouant 100 unités de travail à la production d'une unité de drap destinée au Portugal, l'Angleterre obtient une capacité d'achat sur le marché portugais qui lui aurait demandé — en situation autarcique — 135 unités de travail.

L'immobilité des facteurs de production permet d'échanger sur le marché international un nombre donné d'unités de travail domestique, contre un nombre différent d'unités de travail étranger. Ceci est exclu dans l'espace national, où le travail est considéré par les économistes classiques comme l'instrument de mesure des valeurs respectives des biens. Comme le dit Ricardo : « On ne peut échanger le travail de cent Anglais pour celui de quatre-vingts autres Anglais ; mais le produit du travail de cent Anglais peut être échangé contre le produit du travail de quatre-vingts Portugais, de soixante Russes ou de cent vingt Asiatiques. Il est aisé d'expliquer la cause de la différence, qui existe à cet égard, entre un pays et plusieurs : cela tient à l'activité avec laquelle un capital passe constamment, dans le même pays, d'une province à l'autre pour trouver un emploi plus profitable, et aux obstacles qui en pareil cas s'opposent au déplacement des capitaux d'un pays à l'autre. » L'échange des biens est un moyen de pallier à la plus ou moins grande immobilité des facteurs de production.

Ce résultat se retrouve en raisonnant en termes de coût d'opportunité : au Portugal, il faut sacrifier une quantité plus grande de vin qu'en Angleterre pour obtenir la même quantité de drap. D'un point de vue relatif, le drap coûte plus cher au Portugal qu'en Angleterre.

Pour Ricardo, la croissance économique entraîne une croissance démographique induite (loi de Malthus). L'accroissement de la production bute sur la loi des rendements décroissants : pour nourrir plus de bouches il faudra mettre en culture des terres de moins en moins fertiles (la rente va s'élever et les profits diminuer). Le commerce extérieur doit permettre à l'Angleterre de reculer cette échéance en important de l'étranger des denrées alimentaires obtenues meilleur marché. En s'appuyant sur l'analyse des coûts comparatifs, Ricardo demande la levée des obstacles aux importations de blé étranger *(corn laws)* ; il soutient ainsi l'intérêt des industriels contre celui des propriétaires fonciers. Les lois sur le blé seront abolies en 1846 : alors que l'Angleterre a effectué son décollage économique en état d'autosubsistance alimentaire, dès la fin du XIXe siècle, les importations de blé couvrent les trois quarts de ses besoins. L'Angleterre a suivi les conseils de Ricardo.

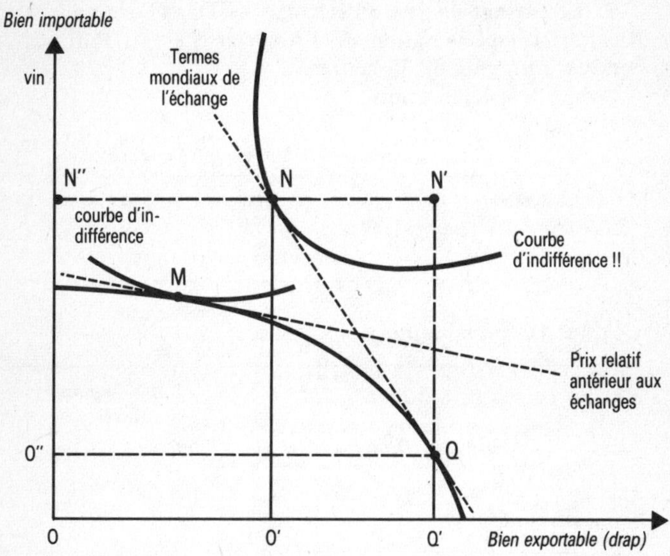

Fig. 21. — Représentation graphique du gain à l'échange.

En autarcie l'Angleterre produit et consomme en M. En s'ouvrant sur l'extérieur, elle produit à un point comme Q en abandonnant la plus grande partie de sa production de vin et en se spécialisant sur la production de drap. L'échange lui permet d'accroître sa consommation des deux biens en portant sa courbe d'indifférence à un niveau plus élevé en N.

En situation autarcique, l'Angleterre obtient une utilité maximale en produisant en M, point de tangence entre la frontière de production et une courbe d'indifférence. La droite qui passe par ce point donne le rapport d'échange interne du drap en termes de vin.

Après ouverture sur l'extérieur, le rapport d'échange international lui permet d'atteindre une courbe d'indifférence plus élevée (point N), alors que ce pays a accru sa production de drap et fortement réduit sa production de vin (point Q). Ses exportations sont données par le segment O′ Q′ et ses importations par le segment O″ N″.

3. **Le partage du gain à l'échange.** — Dans l'exemple de Ricardo, la spécialisation de l'Angleterre et du Portugal conduit à un gain de 30 heures.

Avant la spécialisation :

	Vin	*Drap*	*Total*
Angleterre	120	100	220
Portugal	80	90	170
			390

Après la spécialisation :

	Vin	*Drap*	*Total*	*Unité exportée, valeur :* *Interne*	*Externe*
Angleterre		2 × 100	200	100	135
Portugal	2 × 80		160	80	108
			360		

Dans quelle proportion ces deux pays vont-ils se répartir ce gain de 30 heures ? Ricardo ne le dit pas. La question du partage de cet avantage ne l'intéresse pas, car celui-ci semble *a priori* totalement indéterminé. Néanmoins, il suppose que si une unité de vin portugais s'échange au niveau international contre une unité de drap anglais, le Portugal va gagner 10 heures et l'Angleterre 20 heures. En fait, le rapport d'échange international du vin contre le drap « P » s'établira quelque part entre les rapports d'échange interne (8/9 et 12/10).

Si P = 8/9, l'Angleterre récupère tout le bénéfice de l'échange, le Portugal voyant sa situation initiale inchangée. Si P = 12/10, c'est le Portugal qui reçoit la totalité de l'avantage, l'Angleterre se trouvant dans une position inchangée. Pour tous les autres rapports d'échange intermédiaires le bénéfice de l'échange est partagé. La variation des termes de l'échange ne pouvant jouer qu'à l'intérieur des limites constituées par les coûts comparatifs : le seul risque du commerce c'est de s'enrichir moins que ses partenaires, jamais de s'appauvrir de manière absolue.

Les termes de l'échange dépendent de la force des demandes nationales respectives. Un petit pays qui échange avec un grand pays est donc favorisé puisqu'il a une faible demande au niveau international, P va avoir tendance à s'établir près des rapports de prix internes du grand pays.

Le gain à l'échange est d'autant plus grand que les rapports d'échange interne autarciques sont éloignés. Pour des rapports d'échange interne donnés, le gain pour un pays est d'autant plus important que sa taille économique est modeste.

Plus le pays représente une faible partie de la production mondiale, plus il y a de chances qu'il n'ait aucune influence — ou une influence mineure — sur la détermination des termes d'échanges mondiaux.

A l'inverse, si un pays a une telle dimension économique qu'il représente presque à lui seul l'ensemble du monde, il est clair que le passage de l'autarcie aux échanges ne peut guère apporter qu'un gain mineur (ses termes de l'échange intérieur diffèrent peu des termes de l'échange extérieur).

Si l'on reprend l'exemple de Ricardo et si l'on suppose que le Portugal est un petit pays et l'Angleterre un grand pays, l'échange va surtout profiter au Portugal, car les termes de l'échange du drap contre le vin qui vont prédominer seront proches de ceux de l'Angleterre en situation d'autarcie (dès lors pour les Anglais échanger du vin contre du drap sur leur marché intérieur ou sur le marché extérieur sera presque équivalent).

La théorie traditionnelle de l'échange international montre que c'est le pays le plus petit en termes de revenu national global qui gagne le plus à l'échange. Elle ne montre pas que c'est le pays le moins industrialisé (ou le moins développé) qui obtient le plus grand avantage à l'échange.

La dimension économique n'est pas nécessairement liée au niveau de revenu par tête : la Suisse a un revenu par tête élevé, mais son revenu national global est faible comparé à celui de ses partenaires à l'échange (la RFA, la France...).

De plus, cette proposition ne démontre pas que le petit pays va être gagnant en termes de développement s'il échange, le raisonnement est statique (et non dynamique), la seule chose qui est démontrée c'est que le petit pays a intérêt à s'ouvrir à l'échange. L'évolution ultérieure des termes de l'échange (aspect dynamique) est indéterminée, elle dépend des spécialisations productives choisies, de la capacité du pays à intégrer le progrès technique.

Démonstration

1) Si le prix international se fixe près du rapport d'échange du Portugal, on a donc : 1 V = 8/9 D.

L'Angleterre produit deux unités de drap ce qui lui coûte 200 heures de travail, alors qu'en situation autarcique la production d'une unité de chaque bien lui coûte 220 heures (gain de 20 heures). Une unité de drap est conservée, l'autre est exportée au Portugal contre 9/8 d'unité de vin. L'Angleterre obtient donc 1/8 d'unité de vin en plus par rapport à sa situation d'autarcie, supplément qui représente 10 heures de travail[1] compte tenu des

1. Le Portugal imposant ses prix relatifs au niveau international, il est donc logique de raisonner à partir de ses coûts de production, qui deviennent une référence pour le reste du monde.

coûts de production du pays dominant (1/8 × 80 = 10). Au total l'Angleterre s'accapare l'ensemble du gain lié à la spécialisation (30 heures).

Le Portugal produit deux unités de vin ce qui correspond à 160 heures de travail, alors qu'en situation autarcique la production d'une unité de chaque bien lui coûte 170 heures (gain de 10 heures). Une unité de vin est conservée, l'autre est exportée en Angleterre contre 8/9 d'unité de drap. Le Portugal a donc perdu 1/9 d'unité de drap, perte qui représente 10 heures de travail (1/9 × 90 = 10). Sa situation est restée globalement inchangée, il ne gagne rien à l'échange (il ne perd rien non plus).

2) En revanche, si le prix international se fixe près du rapport d'échange de l'Angleterre, on a : 1 V = 12/10 D.

L'Angleterre produit deux unités de drap ce qui lui coûte 200 heures de travail, alors qu'en situation autarcique la production d'une unité de chaque bien lui coûte 220 heures. Une unité de drap est conservée, l'autre est exportée au Portugal contre 10/12 d'unité de vin.

L'Angleterre obtient donc 2/12 d'unité de vin en moins par rapport à sa situation d'autarcie, perte qui représente 20 heures de travail[1] lorsqu'elle est valorisée à partir de ses propres coûts de production (2/12 × 120 = 20). Sa situation est restée globalement inchangée, ce pays ne gagne rien à l'échange (il ne perd rien non plus).

Le Portugal produit deux unités de vin ce qui correspond à 160 heures de travail, alors qu'en situation autarcique la production d'une unité de chaque bien lui coûte 170 heures. Une unité de vin est conservée, l'autre est exportée en Angleterre contre 12/10 d'unité de drap. Le Portugal a donc gagné 2/10 d'unité de drap, surplus qui représente 20 heures de travail (2/10 × 100 = 20). Au total, il obtient l'ensemble des gains liés à l'échange.

---

4. **Etude d'un cas limite.** — Prenons un exemple un peu particulier.

En situation autarcique, les coûts de production mondiaux sont de 350 heures.

Le Portugal bénéficie d'avantages absolus, mais ces avantages sont les mêmes dans toutes les productions

1. L'Angleterre est ici le pays dominant.

(même écart de productivité). Il n'existe pas de production dans laquelle l'Angleterre soit la moins désavantagée, d'un point de vue relatif.

	Vin	*Drap*	*Rapport d'échange interne*
Angleterre	180	100	18/10 = 9/5
Portugal	45	25	45/25 = 9/5
Ecart de productivité	45/180 = 25 %	25/100 = 25 %	

Fig. 22. — Un cas limite

Si le Portugal se spécialise dans la production de vin, l'envoi d'une unité en Angleterre lui donne 9/5 d'unité de drap, ce qui représente sur le plan interne 45 heures de travail (9/5 × 25). Il n'existe aucune incitation à l'échange, dès lors que les rapports d'échange interne sont identiques.

II. — Libre-échange et protectionnisme

1. **Les arguments en faveur du protectionnisme.** — Il existe une contradiction entre la doctrine libre-échangiste, proclamée par les gouvernements du monde occidental et leurs pratiques commerciales effectives. Jamais, aucune puissance ne s'est construite sans protection. En 1789, au début de sa révolution industrielle, l'Angleterre a dressé des barrières douanières élevées lui permettant de contrôler ses importations de marchandises, et interdisant les exportations d'équipement, c'est-à-dire de savoir-faire. L'Allemagne s'est constituée économiquement en 1834 au travers du *Zollverein,* qui était une union douanière. Les Etats-Unis ont connu leur décollage industriel entre la guerre de Sécession et 1914, les activités domestiques étant protégées par des droits de

douane supérieurs à 50 %. L'argument de l'industrie dans l'enfance énonce qu'un pays ne pourra jamais s'industrialiser s'il ne protège pas ses industries naissantes. Celles-ci sont en situation d'infériorité : elles manquent d'expérience, elles ne peuvent bénéficier naturellement d'économies d'échelle.

La spécialisation implique l'abandon de productions qui ne présentent pas d'avantages comparatifs marqués. L'adoption d'une protection dans ces secteurs commercialement condamnés et non viables peut empêcher une délocalisation des emplois. La protection permet aussi de préserver des activités jugées vitales en cas de conflit armé : la sidérurgie, l'agriculture. Comme le disait Aristote dans *La Politique* : « Tout posséder, n'avoir besoin de personne, voilà la véritable indépendance. »

En outre, la compétitivité des entreprises est en partie déterminée par celle de leur nation, la concurrence entre des firmes appartenant à des pays différents serait donc par nature inégale. Le Japon est une nation entièrement mobilisée pour l'expansion industrielle, il possède des avantages qui faussent les données de l'échange : moindre protection sociale des salariés, durée du travail plus longue, contrôle des circuits de distribution nationaux... Les autres pays développés peuvent donc légitimement penser qu'il est impossible d'être libre-échangiste avec un pays qui ne respecte pas les règles du jeu.

2. **Les différentes formes de protection.** — Il existe deux grands types de protection : celle qui s'exprime par des tarifs douaniers et celle qui est non tarifaire.

a) Les obstacles tarifaires. — Il s'agit des droits de douane, taxes définies par un pourcentage qui s'applique sur le montant des importations estimées en fonction de leur valeur en douane (les frais de transport et d'assurance étant inclus). Les droits de douane renchérissent le prix des produits étrangers sur le marché domestique et constituent une source de revenu pour l'Etat (cet impôt est finalement supporté par le consommateur, mais il est indolore car incorporé dans le prix de vente des marchandises).

Les Etats occidentaux du fait de leur adhésion au GATT (Accord général sur les tarifs douaniers et le commerce) ont accepté des réductions importantes et irréversibles de leurs droits de douane, ils ont donc renoncé à une grande partie de leur souveraineté douanière.

b) Les obstacles non tarifaires. — Il est possible de contrarier la pénétration des marchandises étrangères sur le territoire national, en jouant non pas sur le prix, mais sur les quantités. Au travers de quotas, un pays importateur peut fixer unilatéralement une quantité maximale de marchandises admises à l'importation.

De plus, les réglementations sanitaires et techniques, qui au départ étaient uniquement destinées à protéger les consommateurs contre d'éventuels défauts, sont utilisées pour empêcher la vente de marchandises étrangères.

En outre, les Etats avantagent les producteurs nationaux lors de la passation des marchés publics dans les secteurs du bâtiment ou de l'armement.

Les subventions publiques à l'industrie faussent elles aussi la concurrence, il s'agit d'une forme de protection déguisée (les aides modifient la valeur des coûts de production).

c) Quels sont les moyens de protection les plus recommandables ? Les économistes pensent que les droits de douane sont moins nuisibles que les autres restrictions aux échanges.

Sur le schéma, le quota fait augmenter le prix domestique jusqu'à P_t, l'effet est équivalent à un droit de douane d'un montant $P_t\ P_w/P_{w0}$ (à l'équilibre un droit de douane est égal à la proportion dans laquelle il élève le prix intérieur au-dessus du prix extérieur).

Si un quota a toujours un équivalent en termes de droit de douane, pourquoi les producteurs de biens importables préfèrent-ils en général une protection par quotas à une protection tarifaire ? Et pourquoi les économistes préfèrent-ils la solution inverse ?

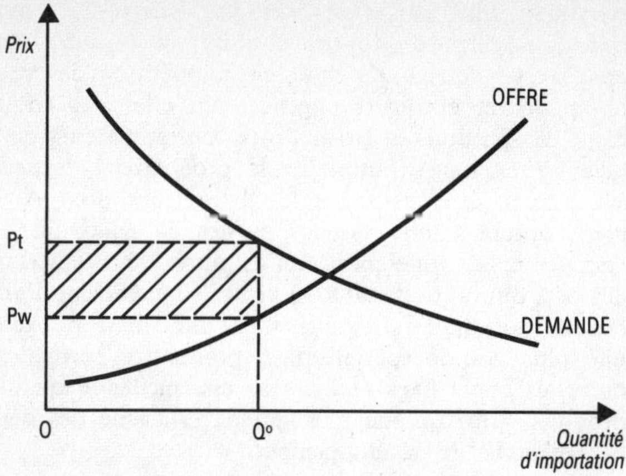

Fig. 23. — Effets comparés des quotas et des droits de douane

OQ° : quota (la restriction est effective puisque en l'absence de quota la consommation serait plus importante).

▨ Recettes dont les pouvoirs publics se privent en préférant le quota aux droits de douane.

— Si le quota correspond à un droit de douane très élevé, il sera beaucoup mieux accepté par l'opinion publique.

— La croissance économique va déplacer les courbes d'offre et de demande vers la droite. Si le quota est constant, l'équivalent en termes de droit de douane augmente, alors qu'un tarif *ad valorem* serait fixe. Le quota détruit la sensibilité du marché à toute variation économique, qui aurait pour conséquence une plus grande demande d'importations.

— Le droit de douane fournit des recettes fiscales au pays qui se protège alors que le quota donne un sur-profit aux exportateurs (ce sur-profit ne pourrait être réduit que si le gouvernement vendait aux enchères des licences d'importation).

3. **Analyse critique du protectionnisme.** — Les inconvénients du protectionnisme sont nombreux. La protection

provoque une perte de bien-être au niveau mondial (même si certains groupes sociaux ou certaines nations peuvent y gagner). La mise en compétition des produits nationaux et étrangers engendre un effet de renouvellement des produits et permet aux consommateurs de bénéficier d'une redistribution de la productivité dégagée par les entreprises sous forme de baisse des prix. Ainsi les biens durables (automobiles, postes de télévision...) sont commercialisés quelques années après leur lancement à des prix diminués de 50 à 70 % et ils bénéficient d'améliorations techniques régulières. D'une manière générale, une plus grande spécialisation productive permet de réduire les coûts fixes et favorise une meilleure qualité des produits, ainsi qu'une plus grande efficacité des dépenses de recherche et développement.

Toute adoption de protection expose le pays protectionniste à des représailles, qui dégraderont la situation de tous.

Les barrières tarifaires et non tarifaires posées à l'encontre des importations accroissent le prix des produits qui se substituent à celles-ci, les producteurs locaux peuvent y trouver leur compte, mais les consommateurs et les utilisateurs industriels sont lésés. La protection peut avoir un impact très négatif sur l'économie qui se protège : *e.g.* les quotas sur l'acier adoptés par les Etats-Unis ont fortement pénalisé l'industrie automobile de ce pays (la valeur ajoutée des constructeurs automobiles diminue du fait de la protection douanière). Il est alors important de raisonner en termes de protection effective, qui mesure l'impact des tarifs douaniers sur la valeur ajoutée par les branches productives et non plus aux seuls effets sur les prix de vente des produits échangés.

Il en résulte une perte de revenu national qui peut largement dépasser la valeur des rémunérations distribuées aux salariés dont les emplois ont été sauvés par la protection. Les ressources ainsi perdues auraient pu recevoir une meilleure affectation si elles avaient été utilisées pour développer des secteurs d'avenir et pour requalifier les chômeurs.

Notons que les producteurs étrangers ne sont pas nécessairement pénalisés, notamment lorsque des accords d'autolimitation protègent un marché, car ils exportent malgré tout et peuvent pratiquer des prix très élevés ; paradoxalement la protection leur fournit une rente.

En un mot, la compétition entre les nations stimule la croissance et l'effort d'innovation. Le protectionnisme c'est la tentation du déclin, pour garder son rang il faut accepter la lutte.

III. — La balance des paiements et son ajustement

La balance des paiements est le document comptable qui retrace les échanges des résidents[1] d'un pays avec le reste du monde au cours d'une période de temps donnée (en général une année).

1. **Pourquoi une balance des paiements ?** — Aucun pays ne dispose des biens nécessaires à la satisfaction des besoins de ses habitants ou de ses entreprises : 1) soit parce que les biens n'existent pas (*e.g.* la France doit acheter du pétrole dont son sous-sol est dépourvu) ; 2) soit parce qu'on ne pourrait les produire qu'à des coûts exorbitants (en France, il serait possible de faire pousser des bananes, du coton sous serre, mais les prix de revient seraient si élevés qu'il vaudrait mieux s'en passer). L'échange va permettre au consommateur d'améliorer son niveau de vie et de diversifier ses achats.

Pour pouvoir se procurer ces biens, ces marchandises à l'étranger, c'est-à-dire pour importer, il faut en contrepartie vendre ce qu'on produit soi-même. Pour obtenir du café brésilien, la France va s'efforcer de vendre des

1. Les résidents sont les personnes et les entreprises qui sont rattachées durablement à l'économie du pays considéré. Il ne s'agit pas de l'ensemble des nationaux, mais des agents économiques qui exercent leurs activités depuis au moins un an sur le territoire de l'économie nationale.

automobiles ou pour acheter du pétrole en Arabie Saoudite, la France va vendre des parfums ou des produits de beauté.

Pourquoi cette nécessité s'impose-t-elle ? Lorsque la France achète à l'étranger du café, du pétrole, du cuivre..., les importateurs ne règlent pas avec notre propre monnaie, c'est-à-dire des francs. Ainsi, un exportateur américain de coton, va proposer sa marchandise avec un prix fixé en dollars. Les francs ne l'intéressent pas, puisqu'il paye les salariés de ses plantations en dollars. Un pays doit donc trouver des moyens pour se procurer des devises (des monnaies étrangères) qui lui serviront à payer ses importations. Le moyen le plus simple est d'exporter les marchandises pour lesquelles il possède au niveau international un avantage comparatif.

Chaque pays détient, dans les coffres de sa Banque centrale, des réserves d'or, de devises, de monnaie internationale (DTS, ECU)[1]. Les réserves ne sont donc pas constituées uniquement de lingots et de billets de banque, elles incluent aussi des avoirs en compte dans des banques étrangères ou dans des organismes internationaux. Lorsque des achats sont effectués à l'étranger, le stock de devises diminue, dans le cas contraire (ventes) il augmente.

La balance des paiements sert à enregistrer toutes ces transactions, à la fois sous leur aspect commercial et sous leur aspect financier.

2. **Les différents postes de la balance des paiements.** — La structure de la balance des paiements est établie en fonction de ce qui est échangé : marchandises, invisibles et capitaux.

a) Les marchandises. — Il s'agit de l'ensemble des biens qui ont une existence tangible : produits agro-alimentaires, produits énergétiques (pétrole), produits industriels

1. DTS : Droits de tirage spéciaux ; ECU : Unité de compte du système monétaire européen.

(machines-outils, matériel de transport, biens de consommation, matières premières).

Comment les enregistrer ? Le point de vue adopté est celui du douanier chargé de comptabiliser les entrées et les sorties de marchandises à la frontière.

Ainsi les exportations sont enregistrées au coût du produit (Franco à bord ou FAB), tandis que les importations intègrent les coûts de transport, d'assurance et de fret (CAF).

b) Les invisibles. — Ils représentent l'ensemble des transactions ne portant pas sur des biens matériels : services et transferts. Dans la balance des paiements, lorsque les services ou les transferts procurent des recettes, ils sont comptabilisés avec le même signe que les exportations de marchandises ; lorsqu'ils représentent des dépenses ils sont comptabilisés avec un signe opposé.

Les services regroupent tout ce qui n'est pas activité agricole, minière et industrielle. Il s'agit des activités des banques, des assurances, des hôtels, des entreprises de transport. Comment peut-on échanger des services ?

— Des touristes étrangers viennent chaque année en France, ils vont échanger des devises et acheter des produits français, ils vont passer des nuits à l'hôtel, payer des nuitées de camping... Leurs dépenses produisent le même résultat qu'une exportation de produits. Inversement, des touristes français vont aller en Espagne ou en Grèce, ils vont donc acheter des produits étrangers.

— Une entreprise française peut acheter des brevets à un inventeur américain.

— Des marchandises étrangères peuvent être transportées par des bateaux français.

— Des sociétés d'ingénierie françaises peuvent prendre la direction de grands travaux à l'étranger...

Les transferts unilatéraux comprennent toutes les opérations sans contrepartie monétaire : l'aide aux pays en voie de développement, l'envoi par les travailleurs immigrés de sommes d'argent dans leur pays d'origine, les versements des Etats à des organismes internationaux.

c) Les capitaux. — Les échanges de capitaux regroupent l'ensemble des placements effectués par des résidents à l'étranger ou par des non-résidents dans le pays domestique.

Ainsi, une entreprise étrangère peut faire construire une usine en France (investissement direct). Des particuliers peuvent acheter des actions émises par une entreprise étrangère (investissement de portefeuille).

Une firme française peut emprunter sur le marché financier japonais ou effectuer des dépôts dans des banques étrangères pour bénéficier de différences de taux d'intérêt ou pour anticiper des évolutions de taux de change.

Les entrées de capitaux sont comptabilisées dans la balance des paiements du côté des exportations de marchandises, tandis que les sorties de capitaux sont placées du côté des importations.

Ces mouvements de capitaux se traduisent, comme pour les échanges de marchandises et comme pour les échanges d'invisibles par des entrées et des sorties de monnaie. Le portefeuille (la tirelire) de la France (constituée par l'or et les devises) va se modifier en fonction des échanges qui sont faits entre résidents et non-résidents.

Comme tout document comptable la balance des paiements est présentée en équilibre. Ceci ne veut pas dire que les agents économiques résidents équilibrent chaque année leurs échanges avec le reste du monde. Ceci signifie que les déséquilibres qui peuvent porter sur les marchandises, invisibles, capitaux, sont compensés par des flux monétaires (variation des réserves de devises) qui s'inscrivent en sens inverse.

Par exemple, si un pays importe plus qu'il n'exporte, il va financer son déficit en cédant des devises qu'il possède ou en empruntant ces devises s'il ne les possède pas. Si ses importations totales sont de 100 milliards et ses exportations totales de 95 milliards, il a un besoin en devises de 5 milliards.

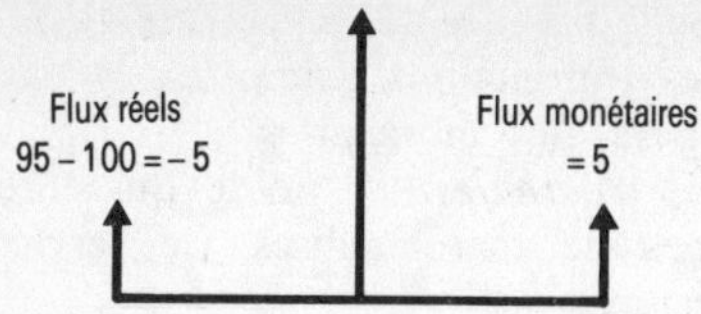

Fig. 24

Un déséquilibre au niveau des flux réels sera nécessairement compensé par des flux monétaires de sens inverse. Le financement sera obtenu par une variation des réserves de change, ou encore par le recours à l'endettement, ou encore par des ventes d'or. Il y a une variation de la position monétaire extérieure (VPME), *i.e.* soit une modification des réserves de devises soit une modification des engagements des banques ou de l'Etat vis-à-vis de l'extérieur.

De fait, lorsque l'on parle du déséquilibre de la balance des paiements, il s'agit d'un abus de langage : le déséquilibre ne peut apparaître qu'entre les différents postes de la balance (entre telle ou telle sous-partie).

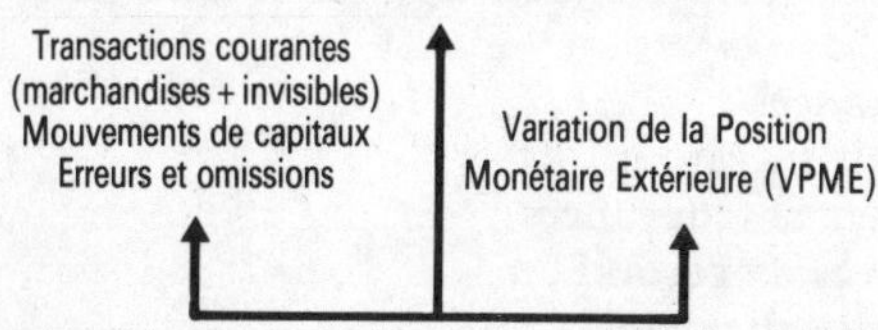

Fig. 25

Les flux monétaires sont des mouvements induits par les échanges qui portent sur les marchandises, les services ou les capitaux. La VPME ne fait qu'enregistrer, tel le tiroir-caisse d'un commerçant les flux de paiement.

Attention ! Lorsque le solde des flux réels est positif la VPME est négative, ce qui veut dire que la position monétaire extérieure des résidents s'accroît. Lorsqu'il est négatif la VPME est positive, ce qui veut dire que la position monétaire extérieure des résidents diminue.

3. **Les soldes de la balance des paiements.** — On distingue la balance des transactions courantes, la balance des capitaux et les opérations monétaires.

a) Transactions courantes. — Solde qui enregistre le solde des échanges de marchandises, de services et de transferts unilatéraux.

— La balance commerciale comptabilise les exportations et les importations de marchandises :

— exportations ;
— importations ;
— négoce international (activité des groupes de négoce : blé, pétrole, etc.).

— La balance des invisibles intègre les échanges de services, les transferts unilatéraux et les autres biens et services :

Services :

— frais accès marchandise (transports terrestres) ;
— transports maritimes ;
— autres transports (aérien, spatial, lancement de satellites) ;
— assurances ;
— grands travaux ;
— brevets et redevances ;
— services de gestion ;
— intérêts, dividendes ;
— salaires, revenus du travail ;
— voyages (tourisme) ;
— recettes et dépenses du gouvernement français (entretien des ambassades, bases militaires) ;
— recettes et dépenses des gouvernements étrangers.

Transferts unilatéraux :

— secteur privé (économies des travailleurs) ;
— secteur public (versements à des organisations internationales et au budget communautaire).

Autres biens et services : poste qui regroupe les produits non ventilables.

b) Les mouvements de capitaux. — Les capitaux sont regroupés en deux grands postes, selon que leur délai de remboursement est supérieur (long terme) ou inférieur (court terme) à un an.

Les capitaux à long terme comprennent :

- les opérations de crédit, les emprunts lancés par les grandes entreprises sur le marché international des capitaux, l'endettement extérieur du pays ;
- les opérations d'investissement : implantation de firmes étrangères en France ou de firmes françaises à l'étranger ou encore des achats de valeurs mobilières.

Les capitaux à court terme comprennent les mouvements de capitaux volatiles à la recherche de placements courts et rémunérateurs *(hot money).*

Un solde négatif de la balance des capitaux n'est pas nécessairement mauvais, il traduit des prêts de capitaux et des investissements à l'étranger (à terme le pays recevra des intérêts, des dividendes et gagnera des parts de marché).

En revanche, une balance excédentaire n'est pas toujours gage de bonne santé, car elle signifie que l'économie est financée par des capitaux étrangers qu'il faudra un jour rembourser (notons que les intérêts des prêts et des placements sont comptabilisés avec les services ; ainsi l'endettement améliore provisoirement la balance des capitaux, mais détériore de manière durable la balance des transactions courantes).

c) Les mouvements monétaires. — Ils représentent la contrepartie des soldes précédents. Lorsque les mouvements sur transactions courantes et les mouvements de capitaux s'équilibrent exactement, la variation de la position monétaire extérieure est nulle. Les banques (qui sont les intermédiaires obligés du règlement des échanges) et l'Etat ont eu à effectuer à l'étranger le même montant de paiements qu'ils ont reçu de lui. Le tiroir-caisse du pays est resté inchangé.

En revanche, si les mouvements réels dégagent un solde négatif, les banques ont eu à régler à l'étranger plus qu'elles n'ont reçu, elles ont besoin de se procurer des devises pour régler le solde :

— emprunts sur le marché des capitaux (variation positive du poste secteur bancaire) ;
— ou achats de devises à la Banque centrale (variation positive du poste secteur public).

IV. — Les taux de change

Dans le domaine monétaire, le marché des changes permet de comparer les prix des biens dans chaque monnaie nationale et de régler les transactions internationales. Les échanges commerciaux impliquent l'existence de devises convertibles, *i.e.* directement échangeables les unes par rapport aux autres. Le taux de change se définit comme la quantité de monnaie nationale qu'il faut pour obtenir une unité d'une monnaie étrangère.

1. **Les conditions de réussite d'une dévaluation.** — Dans un système de changes fixes, les monnaies sont définies par rapport à un étalon (l'or, une monnaie nationale, un panier de monnaie...). On appelle parité, le taux de change d'une monnaie par rapport à cet étalon. Celle-ci peut être modifiée en fonction de la situation commerciale dans le sens d'une perte de valeur (dévaluation) ou d'une augmentation de valeur (réévaluation).

L'expérience montre que les conditions de réussite d'une dévaluation sont strictes : il faut que des biens domestiques puissent être substitués aux importations, que les exportations soient bien adaptées à la demande internationale et enfin que l'industrie nationale ait des capacités de production inexploitées. Les entreprises exportatrices peuvent alors répondre rapidement à la hausse de la demande issue des gains de productivité prix provoqués par la dévaluation.

La dévaluation modifie les quantités et les prix des biens échangés. Les effets prix jouent immédiatement : les importations exprimées en monnaie nationale coûtent plus cher, comme celles-ci sont souvent incompressibles à court terme (cas des importations d'énergie), cela se traduit par une détérioration du solde commercial (différence entre les exportations et les importations).

L'impact de la dévaluation sur les quantités échangées est plus tardive : les volumes importés finissent par diminuer en raison de la hausse des prix ; le volume des exportations augmente à condition que les exportateurs baissent leurs prix exprimés en monnaie étrangère pour conquérir des parts de marché[1]. L'évolution du solde commercial prend alors la forme d'un « J » : dans un premier temps, il se détériore avant de revenir à son niveau initial puis il devient positif.

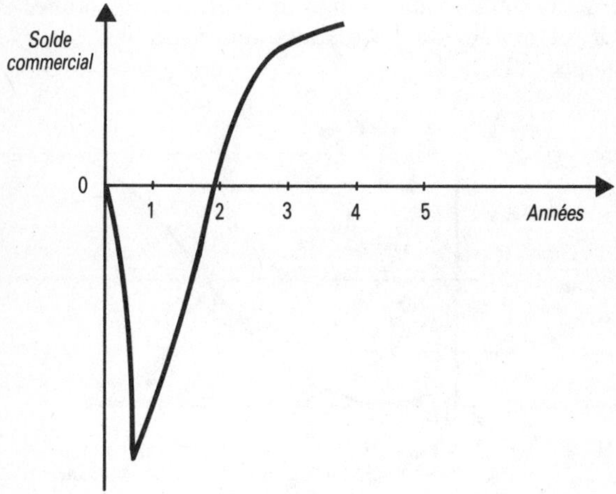

Fig. 26. — La courbe en « J »

1. Plutôt que d'améliorer leurs parts de marché, les exportateurs peuvent chercher à maintenir leurs prix de vente sur les marchés étrangers à leur niveau initial, on dit alors qu'ils ont un comportement de marge.

2. **Un peu d'arithmétique.** — Après la seconde guerre mondiale le franc a été intégré dans un système de changes fixes défini à la Conférence de Bretton Woods (juillet 1944). Chaque monnaie exprimée par rapport au dollar (lui-même défini en or) et son taux de change en dollar ($) devait rester à l'intérieur d'une fourchette de fluctuation initialement de plus ou moins 1 %, puis (à partir du mois de décembre 1971) de plus ou moins 2,25 % par rapport à sa parité centrale. Par la suite le franc sera intégré au sein du système monétaire européen (SME) qui est aussi un système de changes fixes, cette fois-ci centré sur un panier de monnaies appelé l'ECU.

Deux exemples précis vont montrer la nécessité de faire des calculs précis lorsque l'on veut évaluer les variations de change entre les monnaies.

1 / Quels sont les risques de change dans un système comme l'étalon de change or du début des années 1970 où les marges de fluctuations autorisées sont de plus ou moins 2,25 % ?

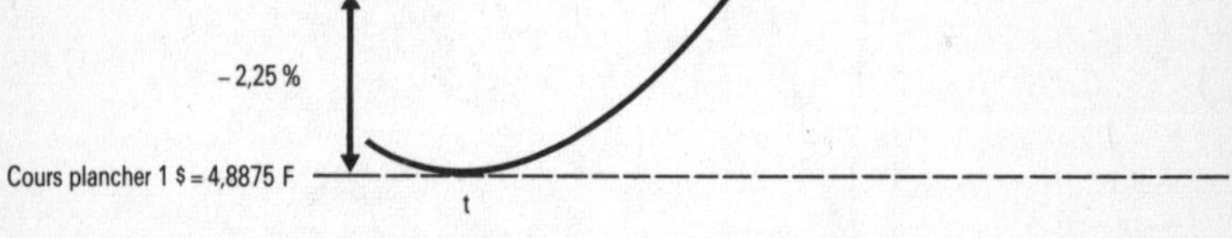

Fig. 27. — Evolution du taux de change du franc par rapport au dollar

A la date *t*, le franc atteint son cours plancher, la Banque de France doit intervenir en vendant des francs contre des dollars.
En *t* + 1, elle doit vendre des dollars contre des francs pour éviter que le cours plafond ne soit enfoncé.

Intuitivement, on pourrait penser que dans un tel système les fluctuations maximales entre deux monnaies sont de 4,5 % (2,25 % dans un sens plus 2,25 % dans l'autre). En fait, il n'en est rien, les fluctuations extrêmes peuvent être beaucoup plus importantes.

Si la parité centrale est de 1 $ = 5 F, le dollar peut varier entre 5,1125 F et 4,8875 F.

Imaginons maintenant que le Deutsche Mark varie en opposition par rapport au franc : quand le franc par rapport au dollar est au plus haut le Deutsche Mark est au plus bas et inversement. Pour une parité centrale de 1 $ = 2 DM, on obtient le schéma suivant :

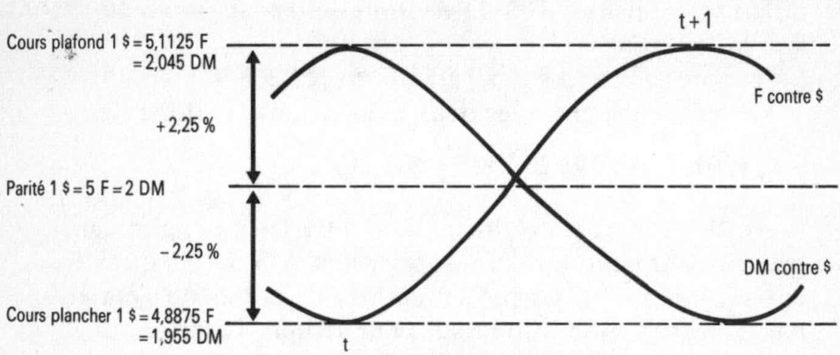

Fig. 28. — Evolution du taux de change du franc et du Deutsche Mark par rapport au dollar

a) Premier cas. — A l'époque *t*, une entreprise allemande exporte des produits en France qui sont vendus 100 F l'unité, le règlement s'effectue un mois plus tard (à l'époque *t* + 1 sur le graphique). Au moment où s'effectue la transaction cette entreprise peut espérer obtenir par unité vendue 10,46 DM :

En effet à l'époque *t*, 100 F représentent 100/4,8875 $ ou encore 100/(4,8875 × 1,955) DM = **10,46 DM.**

En fait, cette entreprise percevra en *t* + 1 une somme différente puisque 100 F représenteront alors 100/5,1125 $
ou encore 100/5,1125 × 2,045) DM = **9,56 DM.**

La différence entre les deux évaluations est donc de :

(19,56 — 10,46)/10,46 = **— 8,6 %.**

b) Deuxième cas. — A l'époque *t*, une entreprise française exporte des produits en Allemagne qui sont vendus 100 DM l'unité, le règlement s'effectue un mois plus tard (à l'époque *t* + 1). Au moment où s'effectue la transaction cette entreprise peut espérer obtenir par unité vendue 239 F :

En effet, à l'époque *t*, 100 DM représentent 100/2,045 $ ou encore 100 × 4,8875/2,045 F = **239 F.**

En fait, cette entreprise percevra en *t* + 1 une somme différente puisque 100 DM représenteront alors 100/1, 955 $
ou encore 100 × 5,1125/1,955 F = **261,5 F**

La différence entre les deux évaluations est donc de :

(261,5 — 239)/239 = + **9,4 %.**

Ainsi les marges de fluctuation entre les monnaies européennes auraient pu être supérieures à 9 % — dans les cas extrêmes — si les pays membres de la CEE ne s'étaient pas concertés au sein du SME pour réduire l'écart entre les monnaies européennes les plus fortes et les plus faibles.

2 / Autre exemple : si dans un système de changes fixes comme le SME, le franc (F) est dévalué de 10 % par rapport à l'ECU, le Deutsche Mark (DM) réévalué de 20 % par rapport au même numéraire, de combien le franc se déprécie-t-il par rapport au Deutsche Mark et de combien le Deutsche Mark s'apprécie-t-il par rapport au franc ?

On serait tenté de répondre « 30 % » (10 % + 20 %), en fait cette évaluation approximative est loin de la réalité. Raisonnons à partir des cours pivots suivants : 1 ECU = 6 F = 2 DM.

Pour le franc :

Avant la dévaluation :

1 ECU = 6 F ↔ 1 F = 1/6 ECU

Après la dévaluation :

$1 \text{ F} = (100 - 10)/100 \times 1/6 \text{ ECU}$
$\leftrightarrow 1 \text{ F} = 90/100 \times 1/6 = 90/600 \text{ ECU}$
ou encore $1 \text{ ECU} = 600/90 = 20/3 \text{ F}$.

Pour le Deutsche Mark :
Avant la réévaluation :

$1 \text{ ECU} = 2 \text{ DM} \leftrightarrow 1 \text{ DM} = 1/2 \text{ ECU}$

Après la réévaluation :

$1 \text{ DM} = (100 + 20)/100 \times 1/2 = 120/200 \text{ ECU}$
ou encore $1 \text{ ECU} = 200/120 = 5/3 \text{ DM}$

$1 \text{ ECU} = 20/3 \text{ F} = 5/3 \text{ DM} \rightarrow 1 \text{ F} = 1/4 \text{ DM}$
(contre $1 \text{ F} = 1/3 \text{ DM}$).

La perte de valeur du franc par rapport au Deutsche Mark est donc de :

$$\frac{1/4 - 1/3}{1/3} = \frac{-1/12}{1/3} = -1/4 = -25\ \%.$$

Alors que le Deutsche Mark gagne + 33,33 % par rapport au franc :

$$\frac{4 - 3}{3} = 1/3 = +33{,}33\ \%.$$

3 / Qu'est-ce qui fonde la valeur d'une monnaie ? Les taux de change traduisent les rapports de force entre la demande et l'offre de biens échangés sur le plan international, ils sont donc les baromètres de l'état de santé des économies.

Comparons la situation de la France et de l'Allemagne, en partant d'un taux de change initial de : 1 franc = 1 Deutsche Mark au cours de l'année *t* et supposons que les seuls biens échangés entre les deux pays soient les téléviseurs. Un an plus tard l'inflation s'est accrue en France de 60 % alors qu'elle est restée nulle de l'autre côté du Rhin.

Un même téléviseur qui coûtait au départ 10 000 F (en France) ou 10 000 DM (en Allemagne) va désormais coûter 16 000 F en France et son prix va rester inchangé en Allemagne.

Dans cette situation le taux de change va nécessairement s'ajuster, un même bien ne pouvant avoir plusieurs prix au niveau international. Tant qu'il n'y a pas d'ajustement monétaire significatif les Français vont passer la frontière pour aller acheter leurs téléviseurs en Allemagne. Ils vont donc vendre du franc pour acheter du Deutsche Mark, ce processus se terminant lorsque :

$$1 \text{ DM} = 1{,}6 \text{ F} \quad \text{ou} \quad 1 \text{ F} = 1/1{,}6 \text{ DM} = 0{,}625 \text{ DM}.$$

Dès lors un téléviseur français coûtant 16 000 F représentera la même valeur qu'un téléviseur allemand : 16 000 × 0,625 = 10 000 DM.

C'est la loi de la parité des pouvoirs d'achat qui énonce que sur le long terme les taux de change tendent à reproduire les différences de pouvoir d'achat existant entre les monnaies.

De même, lorsqu'un pays exporte plus qu'un autre, son taux de change intègre sa montée en puissance commerciale. En reprenant l'exemple précédant, on partira d'un taux de change 1 F = 1 DM au cours de l'année *t* pour laquelle les flux d'échange de marchandises sont parfaitement équilibrés entre les deux pays. Si l'année suivante (*t* + 1), la RFA exporte pour 130 millions de francs, alors qu'elle n'importe que pour l'équivalent de 100 millions de francs, les transactions portant sur les devises vont en être affectées :

Achats de F	Ventes de F
100	130

Achats de DM	Ventes de DM
130	100

On voit donc que par un effet mécanique (loi de l'offre et de la demande) la valeur du franc va baisser, ce qui rendra plus onéreux les biens importés et stimulera les exportations françaises, alors le Deutsche Mark va s'apprécier, ce qui rendra plus difficiles les exportations de ce pays.

En fait, de nos jours, les marchés internationaux sont dominés par la spéculation ; les transactions commerciales représentent peu de chose au regard des transactions financières. Les marchés des changes sont le cadre d'une spéculation intense, les conversions de capitaux d'une monnaie à une autre s'effectuent surtout pour profiter de différentiel de taux d'intérêt. Ces différences entre les niveaux absolus de taux d'intérêt comptent souvent davantage que les données fondamentales comme les déficits budgétaires et les taux d'inflation.

Chapitre III

L'ENTREPRISE ET LA PRODUCTION

L'entreprise est constituée d'un ensemble de biens et d'une équipe humaine regroupés par un entrepreneur dans un but productif. Son objectif principal est la réalisation de bénéfices, contrairement à l'association qui est à but non lucratif et à la coopérative qui rassemble des hommes avant de rassembler des capitaux.

Les entreprises créent des richesses et des emplois, elles sont à la base du dynamisme des économies de marché.

I. — Les différents types juridiques d'entreprises

Plusieurs types juridiques d'entreprises sont autorisés par la loi. Le choix du chef d'entreprise ou des associés se fait en fonction du degré de risque qu'ils veulent bien assumer, du montant du capital apporté et du régime fiscal qui semble le plus favorable.

1. **Les entreprises individuelles.** — Il s'agit des entreprises qui sont la propriété d'une seule personne. Par conséquent, ce mode d'exploitation est fréquent pour les petites entreprises qui mettent en œuvre des ressources de faible importance en hommes et en capitaux (cas des petits commerçants, des artisans ou des agriculteurs).

L'entreprise individuelle n'a pas une existence distincte de celle de l'entrepreneur. Celui-ci a un seul patrimoine où se confondent son actif et son passif commercial et personnel. En d'autres termes, l'entrepreneur est responsable des dettes de son affaire sur la totalité de ses biens, même ceux qu'il utilise à titre personnel et non pas dans le cadre de son travail.

Cette unité du patrimoine présente des inconvénients :

— pour l'entrepreneur, la faillite de l'entreprise peut conduire à la liquidation de tous ses biens ;
— pour la pérennité de l'entreprise, le propriétaire unique peut à tout moment désinvestir et employer à ses besoins personnels des biens antérieurement affectés à son entreprise.

Néanmoins, les formalités de création pour ce type d'entreprise sont très réduites. La responsabilité illimitée sur les biens propres permet au chef d'entreprise d'obtenir plus facilement des crédits bancaires (le banquier est rassuré par l'existence de gages réels). L'entreprise individuelle peut démarrer avec de faibles apports en capitaux, les biens personnels du fondateur étant utilisés comme moyen de production.

2. **Les entreprises sociétaires.** — La société naît d'un contrat conclu entre plusieurs personnes (adhésion volontaire d'associés). De ce contrat surgit une personnalité nouvelle distincte de la personnalité des associés : une personne morale. Ainsi le groupement constitué par les associés est personnifié, il devient apte à avoir des droits et des obligations. La société possède une autonomie patrimoniale, elle peut conclure des contrats, être créancière ou débitrice, être propriétaire, être ester en justice... Ce ne sont plus les entrepreneurs en tant que personnes physiques qui sont des sujets de droit.

L'existence d'un contrat d'union fait que les intérêts des associés ne sont pas antagonistes. Un certain respect de l'égalité doit régner entre les associés, même si ceux-ci n'ont pas le même poids du fait de la différence entre la taille des capitaux qu'ils ont apportés. Chaque associé a le droit de participer à la gestion, il possède un droit d'information, un droit de participer aux bénéfices et l'obligation de participer aux pertes.

La société a été imaginée pour réunir des capitaux qui du fait de leur ampleur ne peuvent pas être réunis par une seule personne, quand bien même celle-ci aurait des moyens financiers importants. Les ressources d'une seule personne s'avèrent insuffisantes lorsqu'il s'agit d'exploiter une affaire d'une certaine dimension. C'est grâce à la technique juridique de la société qu'ont pu se réaliser les concentrations de capitaux nécessaires au développement économique après la révolution industrielle.

La société doit être distinguée de l'association, car ses buts sont différents. Le Code civil stipule que le contrat de société est institué en vue de partager des bénéfices (par opposition le contrat d'association réunit des personnes dans un but non lucratif).

On distingue plusieurs types de sociétés : la société en nom collectif, la société en commandite, la société à responsabilité limitée (SARL) et la société anonyme.

a) La société en nom collectif. — Il y a deux siècles c'était le type de société le plus répandu qui sera par la suite détrôné par le développement des SARL.

Dans la société en nom collectif, les associés répondent indéfiniment et solidairement des dettes sociales. Comme dans le cas de l'entrepreneur individuel, ils sont responsables sur l'ensemble de leurs biens des dettes éventuelles de l'entreprise. La société en nom collectif est fondée sur l'*intuitus personae,* c'est-à-dire que la personnalité de chaque associé joue un rôle important dans la constitution, le fonctionnement et la dissolution de la société. Il s'agit d'une société de personnes par opposition à la société anonyme qui est une société de capitaux.

Le nombre minimal d'associés est de deux. Puisque les associés sont indéfiniment responsables, il n'existe pas de capital minimal exigé par la loi. Le capital est divisé en parts sociales[1], aucun associé ne pouvant céder les parts de capital qu'il détient si ce n'est avec le consentement

1. Une part sociale représente une fraction du capital d'une société. A la différence de l'action, elle n'est pas librement transmissible.

unanime des autres associés. La direction est assurée par un ou plusieurs gérants qui peuvent prendre tous les actes de gestion dans l'intérêt des associés (signature des contrats, paiement des salaires, établissement des comptes, etc.). Le gérant associé ne peut être révoqué que sur décision unanime, pour le gérant qui n'est pas un des associés la majorité simple suffit.

b) La société en commandite. — Elle réunit deux types d'associés : les commandités qui ont le statut des associés en nom collectif et les commanditaires qui ne répondent des dettes sociales qu'à concurrence de leurs apports.

Les commandités ont le pouvoir de décision (ils choisissent en particulier le gérant), mais ils sont responsables des dettes sociales sur leurs biens propres. Leurs droits sont toujours représentés par des parts sociales.

Les commanditaires détiennent soit des parts sociales (société en commandite simple), soit des actions (société en commandite par actions).

L'avantage principal de la commandite est de séparer nettement ceux qui exercent le pouvoir, de ceux qui ne font qu'apporter des capitaux dans l'espoir de les faire fructifier mais sans participer aux décisions. Les propriétaires-fondateurs peuvent donc assurer le développement de leur société sans risque de devenir minoritaires.

c) La société à responsabilité limitée. — Dans ce type de société les associés ne supportent les pertes qu'à concurrence de leurs apports. Le nombre d'associés est nécessairement compris entre deux au minimum et cinquante au maximum[1]. Le capital est divisé en parts sociales, elles ne peuvent être cédées à des personnes étrangères qu'avec le consentement de la majorité en nombre des associés représentant au moins les trois quarts du ca-

1. Il existe des sociétés à responsabilité limitée qui n'ont qu'un seul associé : les EURL (entreprise unipersonnelle à responsabilité limitée). Elles ont été créées en 1985 pour éviter que des entrepreneurs mettent sur pied des SARL fictives avec des associés de paille, uniquement dans le but de recueillir les avantages de la responsabilité limitée.

pital social. Le capital minimal des SARL est de 50 000 F[1]. Lors des assemblées générales les décisions ordinaires sont prises à la majorité ; les décisions extraordinaires (modification des statuts, nomination des gérants, augmentation de capital) sont prises avec un nombre de suffrages représentant au moins les trois quarts des parts sociales. Les SARL sont soumises à l'impôt sur les sociétés.

d) La société anonyme. — Il s'agit d'une société dont le capital est divisé en actions. Celles-ci, contrairement aux parts sociales, sont librement transmissibles. Les entreprises qui sont cotées en Bourse voient une partie de leurs titres (et donc de leur capital) changer de mains tous les jours : certaines personnes abandonnent leur statut d'associé alors que d'autres accèdent à la qualité d'actionnaire.

Les associés de la société anonyme ne supportent les pertes de l'entreprise qu'à concurrence de leurs apports comme dans la SARL.

Les dirigeants sont des salariés. Les actionnaires ne participent pas directement à la gestion de l'entreprise, mais ils ont droit sur la répartition du bénéfice et un droit de vote lors des assemblées générales qui sont proportionnels au montant du capital qu'ils ont apporté.

Depuis la loi du 24 juillet 1966, les sociétés anonymes peuvent être organisées selon deux régimes : 1 / classique avec conseil d'administration et président ; 2 / nouveau avec conseil de surveillance et directoire. Dans l'esprit de ses auteurs, cette réforme devait anticiper une réforme du droit des sociétés anonymes, en vue d'associer dans la gestion le capital (les représentants des propriétaires) et le travail (les salariés), à l'image de la situation allemande. Dans un cas comme dans l'autre, l'Assemblée générale est réputée détenir en dernière instance le pouvoir. En fait, les actionnaires se désintéressent du fonctionnement de la société et assistent rarement aux assemblées. Les organes délibératifs sont passés sous la coupe des organes de gestion.

1. En 1991.

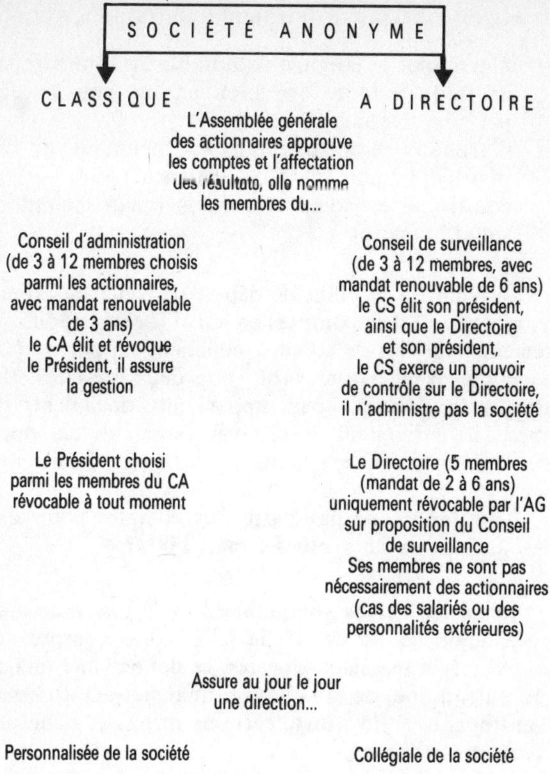

Fig. 29. — Les deux types de société anonyme

II. — Les comptes des entreprises

La comptabilité traduit dans un langage conventionnel la réalité économique et juridique de l'entreprise. Son objectif est de construire des comptes permettant de juger de la situation financière des firmes. Elle représente une aide à la gestion, elle fournit des informations aux actionnaires et elle permet un contrôle des résultats par le fisc.

L'apprentissage de la comptabilité a pour objectif :

— d'assimiler le langage comptable et donc être capable de traduire toute opération par un emploi (débit) et par une ressource (crédit) ;
— d'articuler ce langage dans les documents de synthèse (journal, grand livre et balance) pour parvenir à construire les comptes annuels (bilan, compte de résultat, annexe).

Le bilan est le point de départ de toute réflexion sur la comptabilité. Les comptes en « T » (débit, crédit) ont seulement pour but de résumer comment les postes des documents comptables ont varié entre deux exercices. Ils n'ont de justification que par rapport aux documents de synthèse, ils permettent de résumer l'ensemble des opérations de l'entreprise (versement de salaires, encaissement de chèques...).

Il ne faut donc pas partir des comptes pour aller vers les documents de synthèse, mais l'inverse.

1. **Les principes comptables.** — D'une manière générale, selon les termes de la loi : « Les comptes annuels doivent être réguliers, sincères, et donner une image fidèle du patrimoine, de la situation financière et du résultat de l'entreprise. » En outre, certains principes généraux doivent être respectés.

a) Les entreprises sont astreintes à constituer trois documents comptables. Le bilan présente en fin de chaque exercice ce que l'entreprise possède (actif) et ce qu'elle doit (passif). Le compte de résultat récapitule les charges et les produits afférents à un exercice. L'annexe complète et commente l'information donnée au bilan et au compte de résultat.

b) Le principe de spécialisation des exercices oblige les comptables à rapporter à chaque période ce qui y est afférent et rien d'autre. Par exemple : les charges et les produits liés à l'exercice N doivent être comptabilisés sur cet exercice même si les paiements et les encaissements effectifs se font lors de l'exercice N + 1.

c) Le principe du nominalisme consiste à respecter la valeur nominale de la monnaie sans tenir compte des effets de l'inflation. Ainsi un immeuble acheté 1 million de francs figurera cinq, dix ou vingt ans plus tard pour ce même montant à l'actif du bilan. Une réévaluation est possible, mais elle est peu utilisée car elle conduit à soumettre à l'impôt sur les sociétés le montant réévalué.

En cas de dépréciation d'un bien figurant à son coût historique dans la première colonne du bilan, il est indiqué dans la deuxième colonne la perte de valeur de ce même bien (amortissement, provision).

d) Le principe de prudence conduit les entreprises à éviter de surestimer ce qu'elles possèdent. Exemples d'application :

— les plus-values susceptibles d'être réalisées en vendant en Bourse des titres acquis à un cours moindre ne peuvent être comptabilisées tant qu'elles n'ont pas été réalisées ;
— en revanche, les moins-values doivent être comptabilisées à la clôture de l'exercice ;
— si la valeur d'un élément d'actif devient inférieure à celle inscrite au bilan, un amortissement ou une provision sont obligatoirement constatés ;
— si un événement risque d'entraîner une charge, celle-ci est constatée à l'avance par une « provision pour risque et charge ».

2. **Le bilan.** — Ce document comptable compare l'origine des ressources (passif) et leur utilisation (actif).

ACTIF	=	PASSIF
Utilisation des fonds		Origine des fonds

Le bilan peut être présenté sous la forme d'un tableau opposant deux colonnes.

ACTIF	PASSIF
Immobilisations Capital circulant	Capitaux propres Dettes

La présentation du bilan permet de calculer une valeur patrimoniale de l'entreprise par différence entre l'actif, d'une part, les provisions et les dettes (éléments qui sont à payer à plus ou moins brève échéance).

Les capitaux propres représentent la valeur patrimoniale de l'entreprise, la somme qui globalement lui resterait si elle cédait tous ses actifs puis payait toutes ses dettes.

Le bilan est une photographie de la situation de l'entreprise à une date *t*.

a) Quelles sont les ressources composant le passif ? 1) des ressources internes : les résultats mis en réserve ; 2) des ressources externes : fonds apportés par le chef d'entreprise dans le cas d'une entreprise individuelle (« capital ») ; fonds apportés par les associés dans le cadre d'une société (« capital social ») ; fonds apportés par les prêteurs (organismes financiers, particuliers) ; fonds correspondant aux dettes à l'égard des fournisseurs du fait des délais de paiement obtenus lors de l'acquisition d'immobilisations, de matières premières, de marchandises.

Décrit sous l'angle patrimonial, le passif comprend les capitaux propres (propriété des associés) et les capitaux exigibles (dettes).

b) Quels sont les emplois présentés dans l'actif ? Le premier poste est constitué des biens immobilisés (terrains, constructions...), le second des biens rapidement transformables en d'autres emplois (stocks, créances, argent disponible en caisse...).

c) Quels sont les grands équilibres au niveau du bilan ? L'actif immobilisé, qui est destiné à rester durablement dans l'entreprise, doit être financé par des ressources stables, c'est-à-dire par les capitaux permanents (somme des capitaux propres et des emprunts à plus d'un an). Le fonds de roulement est égal à la différence entre les capitaux permanents et l'actif immobilisé ; il est préférable qu'il soit positif, puisqu'il représente la marge de sécurité financière de l'entreprise.

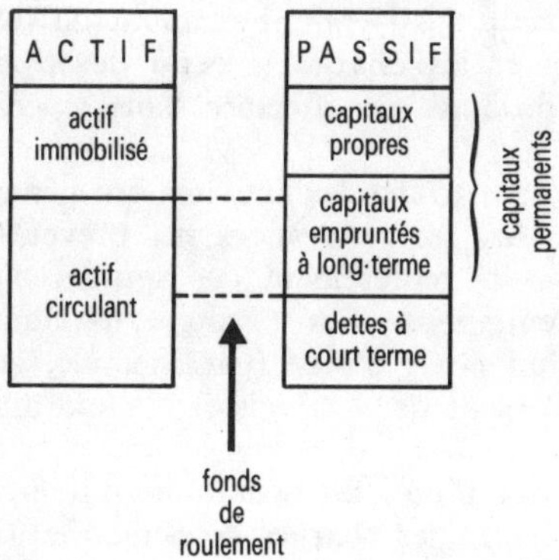

Fig. 30. — Le calcul du fonds de roulement

d) Quelle évolution ? Le bilan constitue un stock, c'est-à-dire l'accumulation des avoirs, des créances et dettes à une date *t*.

Lorsque entre *t* et *t* + 1 l'entreprise dégage un bénéfice, les ressources augmentent ainsi que les capitaux propres.

Le bilan à la date *t* + 1 présentera donc des capitaux propres plus élevés que le bilan à la date *t*. Mais si l'activité dégage une perte, les capitaux propres diminuent de même que les ressources.

La comparaison de bilans successifs permet de mesurer l'évolution de la situation nette (dans l'hypothèse où il n'y a ni retrait, ni apport de capitaux) :

Situation nette = capitaux propres + bénéfices — pertes.

3. **Le compte de résultat.** — Pour déterminer le résultat (R) de l'entreprise, on peut comparer deux bilans successifs : si pendant la période, il n'y a eu ni apports ni retraits de capitaux, alors le résultat est la différence entre le montant des deux situations nettes, à $t + 1$ et à t ($R = SN_{t+1} - SNt$).

Le résultat s'écrit aussi comme étant la différence entre les produits et les charges : cette description des charges et des produits est effectuée dans le compte de résultat.

Les produits sont toutes les activités qui génèrent des revenus : les ventes, les redevances sur brevet, les produits financiers... Ils représentent des sources d'enrichissement pour l'entreprise. Les produits impliquent une augmentation d'un poste d'actif (par exemple, les ventes font entrer de l'argent dans la caisse) ou une diminution de dette.

Les charges sont toutes les opérations qui provoquent une perte de revenu : les charges de personnel (rémunérations brutes et cotisations patronales), les impôts et taxes, les achats de matières premières... Elles provoquent un appauvrissement de l'entreprise par la diminution d'un élément de l'actif (par exemple le compte en banque diminue lorsqu'une facture est réglée) ou par l'apparition d'une dette (la réception d'une marchandise en provenance d'un fournisseur fait apparaître en contrepartie une dette, jusqu'à la date de règlement). En conclusion, en supposant qu'il n'existe ni stockage, ni déstockage :

A la fin de l'année x :

R = produits — charges
= actif — (capitaux + dettes).

Soit encore :

Charges + actif = produits + capitaux + dettes
Emplois = ressources.

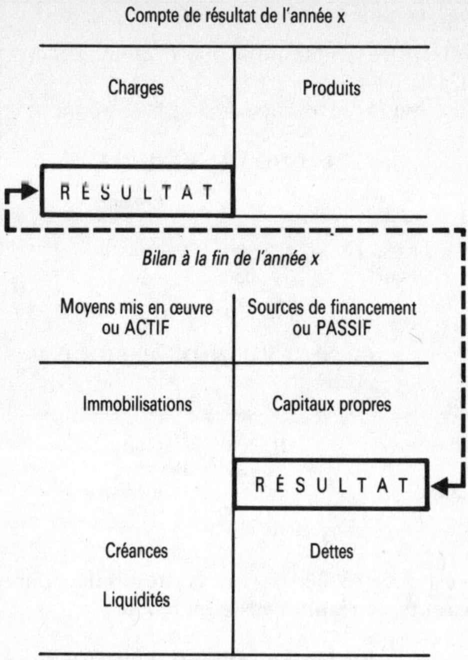

4. **Quel est le lien entre le bilan et le compte de résultat ?** — Le compte de résultat explique et récapitule les événements qui se sont réalisés entre deux constats, c'est-à-dire entre deux bilans.

Considérons par exemple le bilan suivant :

BILAN D'OUVERTURE

Actif			*Passif*
Immobilisations	10 000	Capital	9 500
Trésorerie	500	Fournisseurs	1 000
	10 500		10 500

Evénements durant cette période :

— l'entreprise achète pour 500 F de marchandises à crédit ;
— puis, elle les revend pour 550 F à crédit.

CALCUL DU RÉSULTAT

Charges		*Produits*	
Achats	2 500	Ventes	2 750
Bénéfice	250		
	2 750		2 750

BILAN EN FIN DE PÉRIODE

Actif			*Passif*
Immobilisations	10 000	Capital	9 500
Clients	2 750	Bénéfice	250
Trésorerie	500	Fournisseurs	3 500
	13 250		13 250

S'il est prélevé 200 F sur la trésorerie pour payer les fournisseurs, le résultat reste inchangé :

BILAN EN FIN DE PÉRIODE

Actif			*Passif*
Immobilisations	10 000	Capital	9 500
Clients	2 750	Bénéfice	250
Trésorerie	300	Fournisseurs	3 300
	13 050		13 050

5. **Les comptes.** — Les opérations sont enregistrées en partie double, elles sont classées deux fois :

— une première fois selon leurs effets sur la composition du patrimoine ;
— une seconde fois, analysées comme causes du résultat, né des variations d'actif et de passif, selon la nature de ces causes (charges et produits).

Ainsi, un fait comptable est analysé de deux façons possibles :

— comme agissant sur le résultat (modifie un compte actif ou passif et un compte charge ou produit ;
— comme n'agissant pas sur le résultat ; les modifications de deux comptes actif/passif se compensent exactement.

Considérons l'exemple suivant :

BILAN n° 1

Actif		*Passif*	
Immobilisations		Capital	30 000
corporelles	25 000	Dettes	
incorporelles	4 000	(fournisseurs)	4 000
Stocks		Dettes	
(au coût d'achat)	3 000	(banque)	3 000
Caisse	5 000		
	37 000		37 000

Sachant que l'entreprise prélève 2 000 F en caisse pour ouvrir un compte courant à la banque et qu'elle règle un de ses fournisseurs, par chèque, pour un montant de 1 200 F, comment se transforme le bilan à la suite de ces deux opérations ?

BILAN n° 2

Actif		*Passif*	
Immobilisations		Capital	30 000
corporelles	25 000	Dettes	
incorporelles	4 000	(fournisseurs)	4 000
Stocks		Dettes	
(au coût d'achat)	3 000	(banque	3 000
Banque	2 000		
Caisse	3 000		
	37 000		37 000

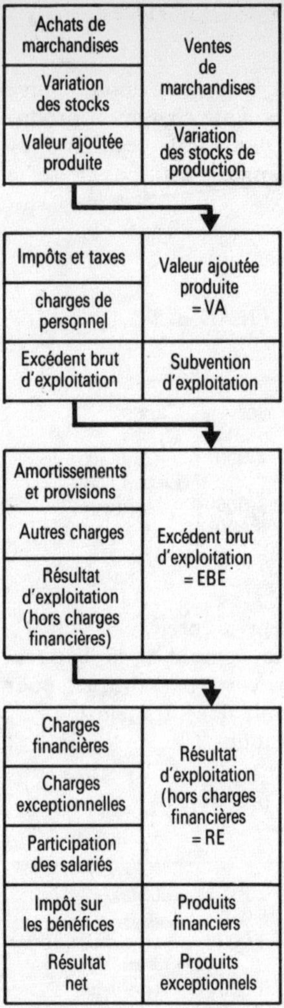

Fig. 31. — Les soldes intermédiaires de gestion

BILAN n° 3

Actif		*Passif*	
Immobilisations		Capital	30 000
corporelles	25 000	Dettes	
incorporelles	4 000	(fournisseurs)	4 000
Stocks		Dettes	
(au coût d'achat)	3 000	(banque)	1 800
Banque	800		
Caisse	5 000		
	37 000		37 000

On vérifie que chaque opération modifie au moins deux postes du bilan, le total actif restant par construction égal au total passif.

Dernier point, le compte de résultat permet de calculer des soldes intermédiaires de gestion.

III. — La production

1. **La définition de la production.** — Le concept de production a évolué dans le temps. Pour les physiocrates[1] la production est uniquement agricole, seuls les fermiers créent des richesses nouvelles, les autres activités comme l'industrie ou le commerce ne font que transformer la matière, elles sont donc à leurs yeux stériles. Pour les auteurs classiques la richesse ne provient pas de la terre, mais du travail des hommes, pour eux la production se limite à la fabrication de biens matériels, les services étant exclus.

Avec la mise en place des comptabilités nationales après la seconde guerre mondiale, la question de la délimitation exacte des activités productives s'est rapidement posée. Ce problème avait été bien perçu par Malthus, notamment lorsqu'il affirmait : « Si la peine qu'on se donne pour chanter une chanson est un travail productif, pourquoi les efforts qu'on fait pour rendre une conversation

1. Economistes français du XVIIIe siècle.

amusante et instructive et qui offrent assurément un résultat bien plus intéressant, seraient-ils exclus du nombre des actuelles productions ? Pourquoi n'y comprendrait-on pas les efforts que nous avons besoin de faire pour régler nos passions et pour devenir obéissants à toutes les lois divines et humaines, qui sont sans contredit le plus précieux des biens ? Pourquoi en un mot, exclurions-nous une action quelconque dont le but est d'obtenir le plaisir ou d'éviter la douleur, soit dans le moment même soit dans l'avenir ? Il est vrai qu'on pourrait y comprendre de cette manière toutes les activités de l'espèce humaine pendant tous les instants de leur vie. »[1]

La définition de la production est donc largement conventionnelle. Pendant longtemps la production immatérielle (les services) et la production non marchande (fournie gratuitement par les administrations) ont été exclues des définitions des économistes.

La comptabilité nationale française retient une définition normalisée qui fait de la production « une activité socialement organisée destinée à créer des biens et des services habituellement échangés sur un marché et/ou obtenus à l'aide de facteurs de production s'échangeant sur un marché ».

L'éventail des activités productives est large, on y trouve les activités agricoles, industrielles et les services marchands de transport, d'assurance..., mais aussi les services d'éducation, de justice, de police, etc. Pour résumer, la production comprend, outre les biens et services marchands, les services non marchands produits par les administrations (puisqu'ils sont obtenus à l'aide de facteurs de production s'échangeant sur les marchés). En revanche, le travail domestique des ménages (activité des femmes au foyer, bricolage, etc.) n'est pas inclus dans cette définition.

1. Thomas Robert Malthus, *Principes*, Arthaud, 1820, p. 28.

2. **La décomposition de la production.** — A partir de quels biens et à partir de quels services faut-il effectuer le calcul de la production ?

Prenons par exemple une entreprise automobile qui a fabriqué pour 100 milliards de francs de produits. Peut-on dire que sa production doit être évaluée par ce même montant ? En fait, pour obtenir ces automobiles il a fallu utiliser 20 milliards de francs de matières premières, d'énergie ou de produits semi-finis. L'ensemble de ces biens qui ont été détruits au cours du processus de production sont appelés les « consommations intermédiaires ». Celles-ci ont été produites par d'autres firmes. Pour mesurer la véritable création de richesse de la part de l'entreprise automobile, il faut déduire ces consommations intermédiaires (20 milliards de francs) de la valeur de ce qu'elle a produit (100 milliards de francs). On obtient alors la valeur ajoutée qui représente ici 80 milliards de francs.

Le concept de valeur ajoutée permet d'éviter de compter deux fois ou plus les consommations intermédiaires. La valeur ajoutée est une grandeur directement agrégeable ; ainsi il est possible en additionnant les valeurs ajoutées créées par les entreprises de déterminer la production d'une branche entière ou même de l'économie nationale.

La valeur ajoutée est utilisée par l'entreprise pour amortir ses équipements (passage de la valeur ajoutée brute à la valeur ajoutée nette). Elle lui permet de rémunérer ses salariés, de payer ses impôts, et de régler les intérêts de ses dettes. Lorsque toutes ses opérations ont été effectuées, le solde que l'on obtient est le bénéfice. Une partie de celui-ci est versée aux actionnaires, l'autre partie est mise en réserve.

Au niveau macro-économique la somme des valeurs ajoutées donne le Produit intérieur brut (PIB). Lorsque l'on retire du PIB l'ensemble des amortissements on obtient le Produit intérieur net. En principe, c'est un agrégat qui évite toutes les doubles comptabilisations, c'est donc lui qui mesure le mieux le potentiel économique d'une nation. En pratique, le PIB est l'agrégat le plus utilisé, car l'amortissement est le résultat d'une approximation (on l'obtient en divisant la valeur des biens d'équipement estimés à leurs prix de remplacement par leurs durées probables de vie).

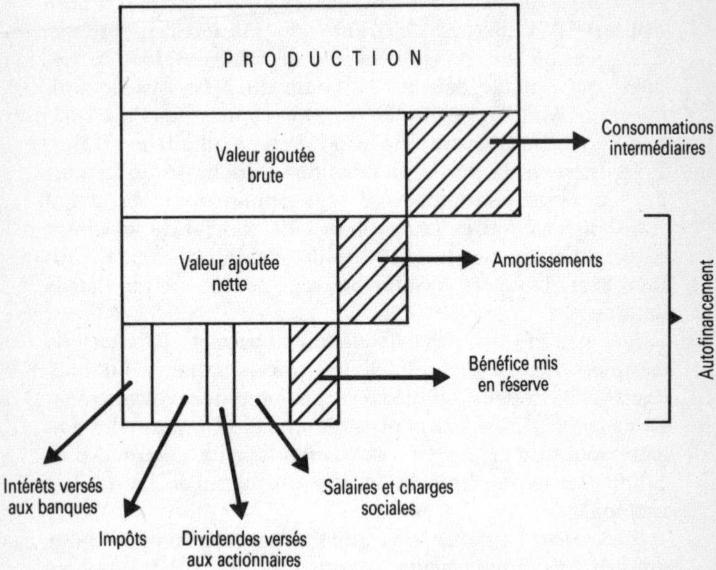

Fig. 32. — La décomposition de la production

Alors que le PIB calcule la production des résidents, le Produit national brut (PNB) rassemble les activités qui sont effectuées à partir de facteurs de production possédés par les résidents (au critère de territorialité est substitué le critère de nationalité).

3. **Les facteurs de production.** — Ils sont les éléments dont la combinaison permet la production, on regroupe ainsi sous ce terme le travail et le capital.

a) Le travail. — La production n'est possible que s'il y a des hommes pour la mettre en œuvre. La quantité de travail à la disposition d'une économie dépend de la taille de la population active et de la durée du travail.

b) Le capital. — Il représente à la fois l'offre d'équipements productifs et la propriété financière. L'accumulation exige des capitaux, les salaires et les matières premières doivent être avancés (il existe un décalage entre les coûts et les recettes, lié aux délais nécessaires pour assurer la vente des produits).

La rémunération du capital est l'intérêt, celui-ci représente une incitation pour les propriétaires de richesse à placer leurs capitaux plutôt qu'à les consommer.

IV. — Les déterminants de l'investissement

1. **Définitions.** — L'investissement est le flux qui s'ajoute chaque année sous forme d'équipements neufs au capital productif. Il faut distinguer tout d'abord les investissements dits de remplacement qui ont pour finalité de compenser l'usure causée aux équipements ou leur obsolescence provoquée par l'évolution des techniques. Cette dépréciation du capital est enregistrée au travers de l'amortissement.

Deuxièmement, l'investissement net est celui qui assure la création d'équipements supplémentaires (au-delà des simples besoins de renouvellement).

La comptabilité nationale utilise comme concept la FBCF (formation brute de capital fixe) pour parler de l'investissement. Celle-ci représente la valeur des biens acquis par les unités productrices résidentes afin d'être utilisées au moins pendant un an dans le processus de production, ainsi que des achats en logement.

Notons que cette définition ne prend pas en compte les investissements immatériels (recherche, publicité, marketing, formation) qui sont difficilement mesurables et que les achats en logement ne sont pas considérés comme de la consommation.

Le choix d'investissement est gouverné par la comparaison entre ce que coûte un investissement et ce qu'il rapporte. Comme l'a souligné Keynes[1] : « Quand un homme achète un bien de capital ou investissement, il achète le droit à la série de revenus escomptés qu'il espère tirer pendant la durée de ce capital de la vente de sa production, déduction faite des dépenses courantes nécessaires à obtenir ladite production. Il sera commode d'appeler cette série d'annuités Q_1, Q_2, . . ., Q_n le rendement escompté de l'investissement. En regard du rendement escompté de l'investissement, nous avons le prix d'offre du bien de ce capital. Ce terme désigne, non le prix de marché auquel un capital de ce type peut être en fait acheté sur le marché, mais bien le prix qui est juste suffisant pour décider un fabricant à produire une unité nouvelle supplémentaire de ce capital, c'est-à-dire ce qu'on appelle parfois son coût de remplacement. La relation entre le rendement escompté et le coût de production d'une unité supplémentaire de ce capital nous donne l'efficacité marginale du capital [...] Le lecteur observera que l'efficacité marginale du capital est définie en fonction de la prévision de rendement d'un bien de capital et de son prix d'offre courant. »

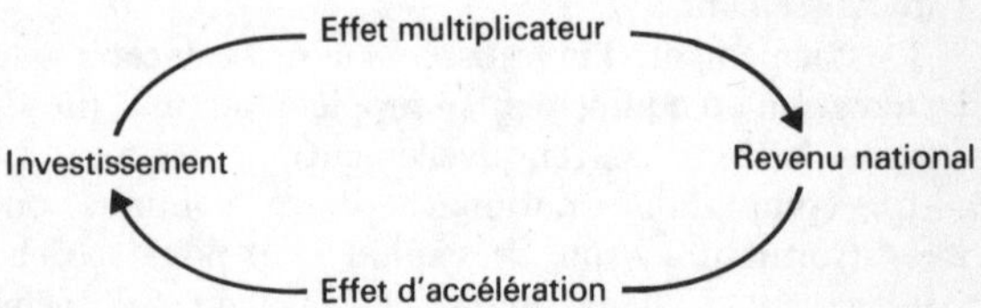

Fig. 33

2. **L'investissement, le revenu national et la demande.** — La formation du capital est un des éléments constitutifs du revenu national. Cependant, l'accroissement de l'investissement provoque une augmentation plus que pro-

1. *La théorie générale,* Edition Payot, p. 149.

portionnelle du revenu (effet multiplicateur). D'autre part, les variations de la demande ont un impact décisif sur l'investissement des entreprises (effet d'accélération). Ces deux effets jouent selon une logique opposée.

a) Le multiplicateur. — Raisonnons en économie fermée, le revenu national Y s'écrit comme la somme de la consommation et de l'investissement :

$$Y = C + I.$$

La fonction de consommation dépend du revenu, elle peut s'écrire :

$$C = cY + b$$

avec c la propension marginale à consommer et b une constante positive.

Le revenu s'écrit donc :

$$Y = C + I = cY + b + I$$

en variation :

$$\Delta Y = c\,\Delta Y + \Delta I$$

(puisque $\Delta b = 0$ par définition), d'où :

$$\Delta Y = \Delta I/(1 - c).$$

Le multiplicateur s'écrit $k = 1/(1 - c)$, on a donc $\Delta Y = k\,\Delta I$.

Prenons un exemple. Soit un accroissement de l'investissement $\Delta I = 100$ F, sachant que $c = 0{,}70$. On obtient les accroissements de revenu suivants (avec ΔS la variation de l'épargne).

	ΔI	ΔY	ΔC	ΔS
1re étape	100	100	70	30
2e étape		70	49	21
3e étape		49	34,3	14,7
4e étape		34,3	24	10,3
.		.	.	.
.		.	.	.
.		.	.	.

La dépense initiale d'investissement provoque un accroissement de revenu de 100. Sur ces 100 F, 70 sont consommés (100 × 0,7) et 30 sont épargnés. Ces 70 F de consommation supplémentaires donnent naissance à 70 F de revenu chez d'autres agents économiques. Ce nouveau revenu est consommé à hauteur de 49 F (70 × 0,7), etc.

Le revenu suit une progression géométrique de raison 0,7 :

$$\Delta Y + c\,\Delta Y + c^2\,\Delta Y + c^3\,\Delta Y + \ldots = \Delta Y\,(c^1 + c^2 + c^3 + \ldots + c^n)$$

$$\text{somme} = \Delta Y \times \frac{1 - c^n}{1 - c}$$

$$= 100 \times \frac{1}{1 - 0{,}7} = 333{,}33$$

$$k \text{ multiplicateur} = \frac{1}{1 - c}$$

$$= \frac{1}{1 - \text{propension marginale à consommer}} = 3{,}33$$

Dans cet exemple lorsque l'investissement s'accroît de 100 F, le revenu national finit par atteindre 333 F.

b) L'effet d'accélération. — L'investissement est influencé par le coût relatif des facteurs, par le degré d'utilisation des capacités de production, ou encore par la valeur des taux d'intérêts. Mais c'est surtout une évolution favorable de la demande qui peut inciter les entrepreneurs à investir. Les variations de l'investissement vont être beaucoup plus amples que celles de la demande.

Prenons à nouveau un exemple. Soit une coopérative possède 10 cuves d'un coût unitaire de 10 000 F et d'une durée de vie de dix ans. Le coefficient de capital (rapport entre la production et l'équipement nécessaire) est égal à 5. La variation de la demande est donnée par le tableau suivant :

Année	*Demande*
1	500 000
2	600 000
3	900 000
4	900 000
5	700 000

Comment l'investissement va-t-il varier ?

Posons, I net : investissement net et I r : investissement de remplacement.

Année	*Demande*	*Equi-pement*	*I net*	*I r*	*I brut*	*ΔI*
1	500 000	100 000	0	10 000	10 000	
2	600 000	120 000	20 000	10 000	30 000	+ 200 %
3	900 000	180 000	60 000	10 000	70 000	+ 133 %
4	900 000	180 000	0	10 000	10 000	— 85 %
5	700 000	140 000	— 40 000	10 000	(— 30 000)	— 100 %

On retrouve l'effet d'accélération, entre l'année 1 et l'année 2 alors que la demande s'accroît de 20 %, l'investissement augmente de 200 % !

3. **Le financement des investissements.** — L'investissement des entreprises peut se faire par autofinancement. Néanmoins, si une entreprise ne dispose pas de suffisamment de capitaux, elle peut les emprunter.

Le contexte économique peut être plus ou moins favorable à l'endettement. Dans certaines circonstances l'endettement joue un effet de levier sur la rentabilité de l'entreprise. Il faut pour cela que la rentabilité économique de l'entreprise soit supérieure au taux d'intérêt courant du marché.

On peut écrire :

$$\text{Rentabilité financière} = \text{rentabilité économique} + \left(\text{rentabilité économique} - \text{taux d'intérêt}\right) + \text{levier}^{1}.$$

La rentabilité financière traduit le rendement des fonds investis par les actionnaires, la rentabilité économique le rendement du capital. Lorsque ce dernier est supérieur au taux d'intérêt, l'endettement permet d'accroître la rentabilité pour les actionnaires, il sert de levier. En fait la rentabilité des investissements est aléatoire, par conséquent les prévisions de l'entreprise peuvent être déjouées et l'effet de levier peut jouer en sens inverse, dans ce cas l'endettement appauvrit l'entreprise.

1. La rentabilité financière s'écrit :

$$\frac{EBE + PF - FF}{CP} = \frac{EBE + PF}{CP} - \frac{FF}{CP}$$

$$= \frac{(EBE + PF)(CP + DT)}{CP\,(CP + DT)} - \frac{FF}{CP} = \frac{(EBE + PF)\,.\,CP}{(CP + DT)\,.\,CP} + \frac{(EBE + PF\,.\,DT)}{(CP + DT)\,.\,CP} - \frac{FF}{CP}$$

$$= \frac{(EBE + PF)}{(CP + DT)} + \frac{EBE = PF}{(CP + DT)} - \frac{FF}{DT} \cdot \frac{DT}{CP}$$

avec EBE (Excédent brut d'exploitation), PF (Produits financiers), FF (Frais financiers), CP (Capitaux propres), DT (Dettes).

On a donc :

$$\frac{EBE + PF - FF}{CP} = \underbrace{\frac{(EBE + PF)}{(CP + DT)}}_{\text{rentabilité économique}} + \Bigg(\underbrace{\frac{EBE + PF}{(CP + DT)}}_{\text{taux d'intérêt}} - \frac{FF}{DT}\Bigg) \cdot \underbrace{\frac{DT}{CP}}_{\text{levier d'endettement.}}$$

Chapitre IV

CROISSANCE ET DÉVELOPPEMENT DES NATIONS

La croissance économique se définit comme la progression quantitative de la production. Le développement implique l'idée d'une amélioration du bien-être de toute la population se traduisant par une hausse du revenu par tête, un accroissement de la ration alimentaire et un accès plus grand aux services de santé et d'éducation. La croissance est le préalable de tout effort de développement, sans quoi l'amélioration du niveau de vie des uns se fait aux dépens de celui des autres.

I. — Les sources de la croissance économique

La croissance dépend de l'augmentation des capacités de production de l'économie, c'est-à-dire de l'évolution des facteurs physiques que sont le travail et le capital. La décomposition de ces facteurs au travers d'une fonction de production néo-classique montre qu'ils n'expliquent qu'une petite partie de la croissance ; dès lors il faut faire intervenir l'amélioration de la qualité du travail et du capital et il faut évoquer l'importance du dynamisme de la demande ou du progrès technique.

1 / Les facteurs matériels de la croissance. — Le travail (« L ») et le capital (« K ») sont étudiés au travers d'une fonction de production. Celle-ci relie les différents niveaux de production (« Q ») d'une économie à toutes

les combinaisons techniquement possibles des facteurs. La fonction de production dite de Cobb-Douglas s'écrit :

$$Q = f(L, K) = L^{\alpha} \times K^{(1-\alpha)}$$

avec α : contribution du travail au produit
$1 - \alpha$: contribution du capital au produit.

En dérivant l'expression :

$$\text{Log } Q = \text{Log } [L^{\alpha} \times K^{(1-\alpha)}]$$

on obtient :

$$dQ/Q = \alpha \times dL/L + (1 - \alpha) \times dK/K \qquad (1)$$

Cette formule permet de décomposer le taux de croissance de la production (dQ/Q) en fonction de celui du travail (dL/L) et de celui du capital (dK/K). Les annuaires statistiques de nombreuses nations fournissent des données sur chacune de ces variables, il est possible de faire des applications numériques.

Pour la France, si l'on reprend les séries annuelles établies par Carré-Dubois-Malinvaud sur la période 1951-1969[1], on obtient : $dQ/Q = 5$ % (utilisation de séries statistiques portant sur le PIB) ; $dL/L = -0{,}14$ % (la faible augmentation de la population active a été plus que compensée par la baisse de la durée du travail) ; $dK/K = 3{,}93$ % (mise en œuvre de nouveaux équipements déduits des amortissements) ; α = masse salariale/PIB = 0,72 et $1 - \alpha = 0{,}28$.

Ces données permettent de calculer :

- la contribution du travail à la croissance : $-0{,}14 \times 0{,}72 = -0{,}1$ % ;
- la contribution du capital à la croissance : $3{,}93 \times 0{,}28 = 1{,}1$ %.

L'équation (1) devient : $-0{,}1 + 1{,}1 = 1$ % $\neq$ de 5 %.

1. Carré, Dubois et Malinvaud, *La croissance française*, Seuil, 1973.

A elles seules les quantités de travail et de capital utilisées sont insuffisantes pour expliquer la valeur du taux de croissance (+ 5 % en moyenne sur la période), seul un point de taux de croissance sur cinq provient d'une utilisation plus importante de facteurs de production. A la suite des travaux de Denison aux Etats-Unis, Carré-Dubois-Malinvaud ont élargi le champs d'analyse en tenant compte de la qualité des facteurs (compétences, qualifications, instruction, rajeunissement du stock de capital), des migrations professionnelles et de l'intensité de la demande. Dès lors le taux de croissance de la production peut être à nouveau décomposé :

	1913-1963	*1951-1969*
Taux de croissance de la production	2,1 %	5 %
Emploi dans les branches	— 0,1 %	0
Durée du travail	— 0,3 %	— 0,1 %
Qualité du travail	0,6 %	0,4 %
Migrations professionnelles	0,3 %	0,6 %
Volume de capital net	0,5 %	1,1 %
Rajeunissement du capital	0	0,4 %
Intensité de la demande	0	0,1 %
Résidu	1,1 %	2,5 %

La croissance n'est pas due uniquement à des facteurs quantitatifs, l'aspect qualité joue un rôle essentiel.

Quelle que soit la période choisie, la moitié du taux de croissance reste néanmoins inexpliquée (2,5 % sur 5 % pour la période 1951-1969).

2. **L'étude du résidu.** — La part inexpliquée de la croissance peut être analysée comme liée à l'imperfection de la méthode utilisée qui ne tient pas compte des effets d'interdépendance entre les facteurs ou comme résultant de facteurs que l'on ne sait pas définir de manière opératoire et quantifiable, ce qui traduit l'impossibilité d'isoler clairement leur influence. Il s'agit de l'amélioration de l'organisation du travail, de la diffusion de l'information écono-

mique, d'une plus grande spécialisation des entreprises, du progrès technique, des économies d'échelle, du pilotage de l'économie par les pouvoirs publics, de l'intensité du travail ou encore du contexte international.

D'autre part, les rendements peuvent devenir plus que proportionnels lorsque la dimension de la production s'accroît. Or la fonction de Cobb-Douglas exclut la possibilité de telles économies d'échelle, elle sous-estime les possibilités de croissance réelle d'une économie.

Le contexte international peut jouer lui aussi un rôle important en matière de croissance : l'ouverture des frontières stimule la concurrence.

Lorsqu'on tient compte de tous les facteurs précédemment évoqués : il reste encore un cinquième de la croissance dans l'ombre, ce que Denison appelle le « résidu du résidu », qui est attribué au progrès général des connaissances et notamment aux conséquences des investissements intellectuels (recherche).

II. — Les théories économiques de la croissance équilibrée

Le modèle de croissance le plus connu est celui d'Harrod et Domar qui a été élaboré au cours des années 1940[1]. L'idée de base de ce modèle est que la production dépend du montant de capital qui a été investi. Ce sont donc les entrepreneurs qui jouent un rôle central, leur comportement est formalisé par une fonction d'investissement.

Il existe une relation entre la production Y et le capital K, qui s'écrit :

$$K/Y = k \leftrightarrow Y = K/k \quad (1)$$

où k est une constante, appelée rapport capital/production ou encore coefficient de capital. Cette équation peut

1. Roy Harrod, An essay in dynamic theory, *Economic Journal,* 1939 ; et Evsey Domar, Capital expansion, rate growth and employment, *Econometrica,* 1946.

être réécrite sous forme de variation, en utilisant le sigle Δ.

$$\Delta Y = \Delta K/k \qquad (2)$$

$$\leftrightarrow \Delta K = k \times \Delta Y.$$

Cette dernière équation montre que la variation du stock de capital ΔK dépend des anticipations des entrepreneurs en ce qui concerne l'évolution de la production, et donc de la demande et finalement des revenus.

Le taux de croissance de la production, g, est égal par définition à l'accroissement de production divisé par la valeur totale de celle-ci, ΔY/Y.

Si l'on divise les deux termes de l'équation (2) par Y, ceci donne :

$$g = \Delta Y/Y = \Delta K/Y \times 1/k \qquad (3)$$

Au niveau macro-économique, ΔK est égal à la variation de l'investissement, I, lequel doit être égal à l'épargne S[1]. Ainsi, l'expression ΔK/Y devient I/Y, laquelle est égale à S/Y, ce qui désigne le taux d'épargne s.

L'équation (3) devient :

$$g = s/k \qquad (4)$$

Cette formule est le résultat principal du modèle d'Harrod-Domar, elle montre que le capital créé par les investissements est le facteur explicatif principal de la croissance[2]. Ces investissements dépendent eux-mêmes de

1. Dans les modèles keynésiens l'égalité entre l'investissement et l'épargne est obtenue *ex post*.

2. Le coefficient de capital n'est qu'une constante qui donne des renseignements sur la productivité du capital.

$$k = \frac{K}{Y} = \frac{1}{Y/K}$$

soit l'inverse de la productivité du capital.

l'épargne des ménages qui en assure le financement, ainsi la croissance dépend en grande partie de la répartition des revenus entre les groupes sociaux.

On voit donc, que si dans un pays du Tiers Monde l'épargne nationale est insuffisante, le taux de croissance de la production peut être stimulé par des transferts de capitaux (aide ou prêts)[1]. Par exemple, un pays qui recevrait une aide équivalente à 8 % de son PIB, pourrait prétendre à un taux de croissance de 2 % si son coefficient de capital est égal à 4 (plus ce coefficient est élevé et moins la productivité du capital est forte et moins les perspectives de croissance sont favorables) :

$$g = 8/4 = 2\,\%.$$

D'où deux possibilités en matière de développement économique, soit les pouvoirs publics se donnent un taux d'épargne et d'investissement envisageable auquel cas l'équation (4) leur indique le taux de croissance qu'il est possible d'obtenir, soit ils se fixent un objectif de croissance auquel cas cette équation leur montre le niveau d'épargne et d'investissement nécessaire pour l'atteindre.

L'épargne est aussi influencée par la distribution des revenus. Les inégalités de revenus permettent la formation d'une classe sociale aisée qui a les moyens d'épargner. Elles jouent un rôle de stimulant, elles sont susceptibles d'inciter les individus à travailler plus. L'inégalité est une source d'insatisfaction, elle pousse les individus à entrer en compétition les uns avec les autres, à donner le meilleur d'eux-mêmes et finalement à se dépasser. L'exemple des économies socialistes montre que l'équité peut aller à l'encontre de l'efficacité.

Sur le marché du travail, les différences de salaires rendent compte de différences de qualification, de compétence ou de talent entre les individus. Elles permettent

1. De ce point de vue, l'aide Marshall versée par les Etats-Unis après la seconde guerre mondiale a constitué une démonstration de l'importance cruciale du capital dans les processus de croissance.

aussi de repérer les pénuries de main-d'œuvre qui se manifestent dans certaines professions, elles fournissent à ceux qui sont à la recherche d'un emploi des points de repère pour orienter leurs décisions.

Néanmoins, si les inégalités sont trop fortes, elles créent des tensions, des sentiments d'injustice, des révoltes et des exclusions. Le risque est grand alors de voir un fossé se créer entre les riches et les pauvres, dans ce cas les inégalités ne permettent plus d'améliorer le bien-être de l'ensemble de la population.

John Rawls, dans son ouvrage, *Théorie de la justice,* affirme que les inégalités sont acceptables, tant qu'elles provoquent un supplément de richesses dont même les pauvres peuvent bénéficier. La récompense accordée à un salarié plus productif que la moyenne trouve ici sa justification. Mais, si l'amélioration du sort des uns entraîne l'exclusion des autres, alors l'inégalité perd de sa légitimité.

III. — **Le marché et le plan**

Les derniers développements de l'actualité dans les pays de l'Est donnent encore plus de relief à l'œuvre d'Adam Smith.

Le hasard de l'histoire fait que le modèle, qui semblait le plus éloigné des préceptes de l'économiste écossais — celui du bloc soviétique — s'est effondré au début de la décennie qui marquait l'anniversaire du bicentenaire de la mort de celui-ci.

Le 17 juillet 1790, s'éteignait celui que l'on considère comme le père de la science économique, le fondateur de l'école classique. En dépit du temps qui s'est écoulé, la pensée d'Adam Smith ne s'est pas défraîchie et son message revient avec une force inégalée.

Aucun idéologue ou constructeur de système n'a planifié le capitalisme, à l'inverse des systèmes socialistes qui par la suite se penseront comme tels. Adam Smith a compris — avant tout autre — l'importance dans une économie, de la liberté du commerce et de la libre fixation des prix.

Les difficultés des nations soviétiques à sortir du carcan des prix autoritairement fixés, les difficultés d'approvisionnement de la population même pour les biens vitaux (pain, huile, savon, café...) fournissent à Adam Smith une sorte de revanche posthume sur les thuriféraires en tous genres de la planification centralisée, du contrôle étatique de l'activité économique ou du protectionnisme.

Le plus stupéfiant est de voir les dirigeants soviétiques eux-mêmes devenir des laudateurs de l'économie de marché, qui s'oppose point par point à ce que M. Chataline, l'un des anciens conseillers économiques de Gorbatchev, appelle une « économie de folie et de miroirs déformants » dans laquelle l'Union soviétique s'était enferrée depuis plus de soixante-dix ans. La *pérestroïka* et les nouvelles réformes en cours sont devenues les meilleurs agents publicitaires de thèmes qu'Adam Smith avait depuis longtemps fait siens : libre activité économique des entrepreneurs, décentralisation des décisions, propriété privée des entreprises.

Le communisme, qui était censé libérer les travailleurs de la servitude et leur fournir l'abondance, a conduit tout un peuple au bord de la faillite. Le redressement n'en sera que plus difficile, comme le rappelait récemment Alexandre Soljenitsyne, l'écrivain russe en exil : « L'horloge du communisme a sonné tous ses coups. Mais l'édifice de béton ne s'est pas encore écroulé. Et il ne faudrait pas qu'au lieu d'en sortir libérés nous périssions écrasés sous ses décombres. »

1. **« La richesse des nations ».** — Quatre-vingt-onze ans avant la parution du livre premier du *Capital,* Adam Smith fait paraître, en 1776, les *Recherches sur la nature et les causes de la richesse des nations,* ouvrage dans lequel il s'efforce de démontrer que la poursuite de l'intérêt individuel est la source du bien-être collectif. Smith fait surgir l'harmonie dans l'ordre social d'une main invisible, alors

que Marx s'attachera à démontrer la nécessité d'une organisation collective des moyens de production.

Fils de douanier, Adam Smith se fait paradoxalement le défenseur du libre-échangisme ; professeur d'économie, et donc fonctionnaire, il se fait l'apôtre de la non-intervention de l'Etat ! Moraliste, il passe pour un doctrinaire du grand capital. Pourtant, dans *La richesse des nations* les propriétaires sont « impitoyables » ou « paresseux », les employeurs conspirent contre les ouvriers et les laboureurs supportent le luxe insolent des nouveaux riches. Sa dénonciation de la « rapacité mesquine » des marchands et de l' « esprit de monopole » des industriels ne l'empêche pas de passer pour un des pères fondateurs du libéralisme.

Dans la société féodale, nous rappelle Adam Smith, la richesse était de peu de valeur pour la collectivité, car dépensée par le seigneur et ses commensaux ou rendue stérile. Le progrès économique sera possible, dès que les hommes seront libres d'effectuer leurs transactions selon leurs intérêts propres. Le développement ne résulte pas de la « logique de l'histoire », mais il s'écrit dans l'horizon des possibilités de l'homme. La démarche essentielle est celle qui dote la société d'institutions, qui permettent à l'individu de réaliser pleinement ses potentialités.

L'individu qui s'enrichit aide la société, le brimer c'est se frapper soi-même. Selon Adam Smith, celui qui travaille pour son propre intérêt sert plus efficacement la société que s'il travaillait pour l'intérêt social : « A la vérité, son intention [celle du producteur] en général n'est pas en cela de servir l'intérêt public, et il ne sait même pas jusqu'à quel point, il peut être utile à la société. (...) En dirigeant son industrie de manière que son produit ait le plus de valeur possible, il ne pense qu'à son propre gain ; en cela, comme dans beaucoup d'autres cas, il est conduit par une main invisible à remplir une fin qui n'entre nullement dans ses intentions (...). Tout en ne cherchant que son intérêt personnel, il travaille souvent d'une manière plus efficace pour l'intérêt de la société, que s'il avait réellement pour but d'y travailler. Je n'ai jamais vu que ceux qui aspiraient, dans leurs entreprises de commerce à travailler pour le bien général, aient fait beaucoup de bonnes choses. Il est vrai que cette belle passion n'est pas très commune chez les marchands, et qu'il ne faudrait pas de longs discours pour les en guérir. »[1]

Même si Adam Smith ne voyait aucune valeur morale dans l'égoïsme, qu'il considérait comme un vice, l'influence de Bernard de Mandeville est nette. L'idée que la pratique de l'égoïsme ne se fait pas contre le bien-être commun, provient de la *Fable des abeilles,* ouvrage publié en 1714 et qui fait à l'époque scandale. Le sujet de cette fable est simple : une ruche, miroir de la société humaine, vit dans l'avidité, la cupidité et la prospérité. Elle éprouve une certaine nostalgie de la vertu et de la morale perdues, elle prie pour les retrouver. Lorsque cette prière est exaucée, la ruche s'atrophie et elle dépérit, car avec le vice disparaissent activité et prospérité remplacées par l'ennui et le chaos.

La leçon est claire, seul le marché est susceptible de procurer un bien-être qui résulte d'un ordre spontané (« main invisible »), voulu par personne mais réalisé par tous. L'autorégulation du marché est invisible, au sens où elle n'est promue expressément par aucune volonté ou autorité particulières. Pourtant, des millions de décisions sont ainsi rendues compatibles, alors même que des stratégies purement individuelles en sont le soubassement. Les transactions s'équilibrent de sorte que la quantité offerte soit égale à la quantité demandée, la concurrence assure que l'égoïsme de chacun ne porte pas préjudice aux autres. Adam Smith fonde l'optimisme libéral, qui veut que les choses finissent par s'arranger d'elles-mêmes.

Pour lui, seule une très grande décentralisation de l'information, assurée par un système de prix de marché, permet l'accumulation des richesses, l'augmentation générale du niveau de vie et une allocation des ressources conforme aux désirs exprimés par les agents économiques.

1. *Recherche sur la nature et les causes de la richesse des nations,* éd. franç., Gallimard, « Idées », p. 256.

2. **L'échec de la planification centralisée.** — En revanche, la planification centralisée, telle qu'elle a été appliquée dans les pays de l'Est, s'efforce de supprimer l'arbitraire du marché, en reconstruisant sur le papier l'ensemble des relations qui sont à la base de toute économie : productions, échanges, investissements, consommations. Selon l'expression d'Oscar Lange[1] : « Le bureau central de planification remplit les fonctions de marché. »

Cela est par nature un exercice très difficile. Par exemple, lorsque l'URSS s'efforçait d'accroître au cours des années 1960, par une action volontariste, sa production de tracteurs, le nombre de calculs et de contrôles à effectuer devenait vite un handicap dirimant. En effet, pour produire plus de tracteurs il faut s'assurer que les productions d'acier, de caoutchouc, de peinture, de plastique, d'énergie, etc., pourront suivre. Si ce n'est pas le cas, il faut accroître les investissements dans les secteurs qui permettent de produire l'acier, le caoutchouc... De plus, l'organisme planificateur doit s'assurer que telle ou telle entreprise d'Etat située au fin fond du Kazakhstan ou de la Iakoutie, dispose de suffisamment de main-d'œuvre, de matières premières ou de machines-outils pour faire face à ces nouveaux objectifs.

Ces difficultés peuvent être dominées lorsqu'il existe un nombre limité de biens homogènes à produire. Elles deviennent insurmontables dès qu'il s'agit de proposer au consommateur une très grande diversité de biens. La réforme économique de 1965 comportait une refonte des prix qui s'est étalée sur trois ans (de 1966 à 1968), la liste des nouveaux prix occupait trente-huit mille pages[2] !

Dans l'Union soviétique des années 1980, où l'on pro-

1. Oscar Lange, économiste polonais qui soutint dans les années 1930, contre Hayek, la possibilité de substituer au marché une planification centralisée fondée sur le calcul économique.

2. Voir l'article de Jean Arrous, Socialisme et planification : O. Lange et F. Von Hayek, *Revue française d'Economie*, printemps 1990.

duisait près de vingt-cinq millions d'articles différents, en voulant tout contrôler, on finissait par ne plus rien contrôler. Personne n'a le pouvoir, ni même la possibilité de détenir une masse d'informations concernant cette multitude de produits. Personne n'a encore moins la faculté d'en maîtriser la connaissance. D'où des dysfonctions qui sont désormais bien connues : goulets d'étranglement, non-respect des plans, qualité insuffisante des produits, articles invendables, pénuries, faiblesse de la productivité...

En conséquence, la volonté affichée par Gorbatchev en 1985 d'adopter les processus de marché a fait figure de révolution culturelle. Toutefois, l'enthousiasme et la foi nouvelle dans les préceptes de l'économie libérale amènent à se demander si les dangers d'un retour brutal au capitalisme ne sont pas sous-estimés.

L'ascétisme et le sens de l'effort qui furent au XVIIIe siècle les vertus fondatrices du capitalisme, seront nécessaires pour reconstruire des économies déstabilisées. Le danger est grand de voir l'ancienne mentalité, dominée par l'apathie et le cynisme, prévaloir. La base sociologique du capitalisme a été dissoute à coup d'épurations et de nationalisations. Le peuple des petits commerçants, agriculteurs, artisans et industriels attirés par l'appât du gain et poursuivant leur intérêt individuel — si bien décrits par Adam Smith dans *La richesse des nations* — a été transformé en une masse impavide d'employés attachés à leurs minuscules privilèges en matière d'horaires et de sécurité de l'emploi. A quoi bon libérer les prix, privatiser les entreprises, supprimer le monopole d'Etat sur le commerce, rendre la monnaie convertible s'il n'y a pas de classe d'entrepreneurs, susceptible de relever ces défis ?

Au travers de la collectivisation de l'agriculture, c'est l'esprit d'entreprise qui a été tué, le communisme a réussi la prouesse de transformer la mentalité paysanne, mélange de fierté et d'indépendance, en une mentalité de fonctionnaire. La privatisation des terres ne résoudra aucun problème, si en arrière-plan, les paysans conservent une attitude d'assistés.

Les adaptations nécessaires seront terribles, le marché ne se met pas en place par décret et sans coût d'ajustement (en termes de chômage et d'inflation). L'ouverture sur l'extérieur de la Russie et des autres républiques impliquera, dans un premier temps, la fermeture d'une grande partie de l'industrie et le recentrage des activités sur des spécialisations moins ambitieuses.

Ici, à nouveau, Adam Smith est au centre de la leçon : aucun pays n'a intérêt à produire à coût élevé ce qu'il peut importer à prix plus faible ; enseignement oublié pendant longtemps dans les pays de l'Est.

Dans la Confédération des Républiques soviétiques, la main invisible restera pour longtemps difficilement perceptible : tant que les intentions affichées manqueront de clarté, tant qu'une véritable libéralisation des prix ne sera mise en œuvre, tant que des règles stables ne seront pas là pour encourager l'initiative individuelle, pour attirer les capitaux étrangers ou pour empêcher la formation de monopoles. Aujourd'hui, la confusion des esprits et le désordre institutionnel sont tels que l'on voit mal comment assurer un minimum d'ordre, préalable nécessaire, pour que le passage à l'économie de marché ne se termine pas en débandade[1].

Ce qui est véritablement surprenant dans la situation actuelle, ce n'est pas que la population soviétique ait manqué de farine ou de pain, mais plutôt que le système était encore capable de commercialiser ces produits, alors que les réseaux de transport étaient totalement désorganisés et que la récolte de céréale pourrissait le long des champs.

Dans ces conditions, le retour à Adam Smith, penseur plus vivant que jamais, s'explique aisément ; cet intérêt

1. Si l'on sait comment transformer un pays capitaliste en pays communiste, on ne connaît pas les recettes pour opérer la transformation inverse. Il y a là un problème totalement inexploré.

renouvelé témoigne de la force de ses intuitions sur la nature des processus économiques, de l'état de déliquescence avancée des économies des pays de l'Est et du retour en force de l'idéologie libérale qui fait de lui un précurseur.

Comme le remarquait Joseph Schumpeter : « Bien que *La richesse des nations* ne contienne aucune idée véritablement nouvelle, et bien qu'elle ne puisse rivaliser sur le plan intellectuel avec les *Principia* de Newton ou *L'origine* de Darwin, c'est tout de même une grande œuvre et qui mérite pleinement son succès. »

IV. — L'inflation

L'inflation désigne une hausse générale et cumulative de l'ensemble des prix. Elle est mesurée en France par l'indice des prix de l'INSEE qui enregistre l'évolution de plusieurs centaines d'articles.

1. **L'inflation un phénomène monétaire ?** — Si le nombre d'unités monétaires en circulation dans une économie s'accroît à un rythme plus rapide que celui de la production, la demande va être stimulée face à une offre qui progresse moins vite, il en résultera sûrement une augmentation des prix (néanmoins la variation de la vitesse de circulation de la monnaie peut contrarier cette tendance). En d'autres termes, la création excessive de liquidités donne naissance à des pressions inflationnistes en augmentant le pouvoir d'achat des ménages d'un montant supérieur à l'augmentation des possibilités de production de l'économie. L'expérience des Etats en guerre ou contraints de payer des réparations de guerre montre que les émissions monétaires excessives peuvent entraîner des cas d'hyper-inflation qui finissent par enlever toute valeur à la monnaie.

C'est ce constat qui conduit les économistes monétaristes comme Milton Friedman à proposer une règle simple dans la conduite de la politique monétaire : pour éviter les dérapages inflationnistes, la masse monétaire doit progresser au même rythme que la production[1].

Cependant les gouvernements — qui sont confrontés à des déficits budgétaires — souhaitant trouver des recettes supplémentaires peuvent être tentés d'accroître la masse monétaire. La hausse de l'inflation, ainsi provoquée, dévalorise la valeur des titres financiers, à l'exception de ceux qui sont intégralement indexés, on peut donc parler de prélèvement inflationniste. Etant donné que l'Etat est le principal émetteur de titre et le secteur privé le principal souscripteur, l'inflation représente une forme d'impôt déguisé.

1. L'équation quantitative de la monnaie s'écrit : $M \times v = P \times T$
M, masse monétaire ;
P, niveau général des prix ;
T, ensemble des transactions ;
la vitesse de circulation-revenu de la monnaie

$$v = P \times T/M.$$

L'évolution de v dans le temps est donnée par :

$$\frac{1}{v}\frac{dv}{dt} = \frac{1}{P}\frac{dP}{dt} + \frac{1}{T}\frac{dT}{dt} - \frac{1}{M}\frac{dM}{dt}.$$

L'hypothèse de constance de la vitesse de circulation de la monnaie entraîne

$$\frac{1}{v}\frac{dv}{dt} = 0.$$

D'où en appelant :

$\pi = \frac{1}{P}\frac{dP}{dt}$ taux de croissance des prix

$\tau = \frac{1}{T}\frac{dT}{dt}$ taux d'accroissement des transactions

$\mu = \frac{1}{M}\frac{dM}{dt}$ taux d'accroissement de la masse monétaire ;

on obtient :

$$\mu = \pi + \tau \qquad (1)$$

Si on se donne pour objectif la stabilité des prix ($\pi = 0$), l'équation (1) devient :

$\mu =$ *tau*.

Ainsi le prix Nobel d'économie Maurice Allais[1] a été amené à proposer une indexation généralisée à partir de contrats susceptibles de remises en cause dans un sens ou dans l'autre à leur terme pour lutter contre les effets néfastes de l'inflation.

2. **Les autres causes de l'inflation.** — Dans un schéma de concurrence parfaite où les facteurs de production sont totalement mobiles et parfaitement substituables, les augmentations de prix liées au processus de croissance économique ne peuvent apparaître tant que le plein emploi des équipements et de la main-d'œuvre n'est pas réalisé. L'inflation ne peut alors s'expliquer que par un excès de la demande globale par rapport aux possibilités réelles de production, dans un contexte de trop forte création monétaire.

En fait, dans la réalité, les hausses de prix peuvent se manifester, quand bien même la situation de plein emploi des facteurs n'est pas atteinte. Elles s'expliquent alors par des rigidités structurelles, institutionnelles ou comportementales. Ces déséquilibres qui se manifestent sur le marché des biens (ententes visant à restreindre la production) ou sur le marché de l'emploi (pénuries affectant certaines qualifications) tendent à limiter l'offre et la rendre insuffisante par rapport à la demande. Il n'est pas nécessaire que pour tous les biens la demande excède l'offre, il suffit que cette situation se manifeste pour certains d'entre eux pour que des goulets d'étranglement poussent à la hausse les prix.

L'inflation peut être aussi expliquée par la hausse des coûts de production : salaires, matières premières, biens d'équipement. L'inflation reflète ainsi le comportement des groupes sociaux, qui sont attachés à une progression régulière de leurs revenus nominaux (inflation poussée par les coûts salariaux). Cependant, expliquer l'évolu-

1 *Pour l'indexation*, Edition Clément Juglar, 183 p.

tion de l'inflation par les coûts de production n'est pas toujours très satisfaisant puisqu'on ne dit pas en général pourquoi les coûts ont augmenté. Or, dans la plupart des cas, c'est une demande trop importante à un stade antérieur de la production qui est la cause de cette hausse. L'augmentation des coûts n'est que la traduction par laquelle une demande supérieure à l'offre influe sur les prix.

L'inflation peut aussi provenir de l'extérieur, on parle alors d' « inflation importée » pour signaler que l'inflation doit être analysée dans un cadre mondial. De plus, lorsque le taux de change d'une monnaie est faible le coût des importations est renchéri.

Les solutions pour lutter contre l'inflation passent par la réforme des circuits de distribution, la transformation du système d'enseignement, la limitation des déficits budgétaires, la libéralisation des circuits financiers, l'interdiction des cartels et des ententes.

3. **Les inconvénients de l'inflation.** — La hausse irrégulière des prix perturbe le calcul économique, elle donne une fausse évaluation de l'enrichissement réel des agents économiques.

Les hyper-inflations enlèvent toute confiance dans la monnaie (retour au troc) et ruinent les épargnants. L'inflation entraîne une redistribution occulte des revenus, ceux-ci s'ajustent avec retard sur les hausses de prix pour les salariés, alors que pour les travailleurs indépendants et les entreprises l'ajustement est immédiat.

Si l'inflation a joué au cours des décennies passées en faveur des débiteurs, en spoliant les créanciers, on assiste depuis le début des années 1980 à un renversement de tendance. Les taux d'inflation baissent de manière spectaculaire : plus de 10 % en moyenne dans les grands pays industrialisés, contre 3 à 4 % de nos jours. Dans le même temps les taux d'intérêt nominaux sont restés à des niveaux élevés entre 9 et 10 %, de sorte que les charges des emprunteurs sont devenues difficilement supportables de par la force des taux d'intérêt réels[1]. Celle-ci favorise depuis quelques années le développement spectaculaire des placements à court terme aux dépens des cours boursiers et donc des augmentations de capital des entreprises.

Cette désinflation a été obtenue par la mise en place de politiques de rigueur salariale, par un ajustement des effectifs des entreprises qui a permis une réduction de leurs coûts, par des politiques monétaires restrictives, enfin le contre-choc pétrolier a joué un rôle favorable. Elle a enrichi les ménages par l'effet dit d' « encaisses réelles » : la valeur de leurs avoirs liquides étant de moins en moins érodée par la hausse des prix, l'effort d'épargne à accomplir pour préserver le pouvoir d'achat des encaisses a été plus modéré. La consommation a été stimulée (celle-ci représente près des deux tiers du PIB), ainsi que la croissance. En d'autres termes, une reprise de l'inflation pèserait directement sur la consommation, les ménages étant incités à épargner plus. Les effets de richesse joueraient dans le même sens : lorsque les prix de l'immobilier ou la valeur de leurs portefeuilles d'actions diminuent les ménages réduisent leurs achats. On voit donc que la thèse selon laquelle l'inflation stimule l'accumulation du capital (en dévalorisant les dettes des entreprises) est sujette à caution puisque dans le même temps l'inflation déprime l'activité économique.

V. — L'évolution de la théorie du développement

1. **Les visions industrialistes.** — La réflexion sur le sous-développement naît au début des années 1950 d'une prise de conscience du retard économique accumulé par une partie de l'humanité. Les luttes de libération nationale et le processus de décolonisation ne feront que renforcer l'émergence du Tiers Monde en tant que nouvelle entité géographique et politique. L'accent est alors mis

1. Le taux d'intérêt réel est le taux d'intérêt nominal déflaté par l'évolution des prix.

sur la nécessité de l'accumulation du capital et de l'industrialisation comme voie à suivre pour atteindre le développement. De plus, la mise en place d'une industrie nationale correspondait à l'image que les élites des Tiers Mondes se faisaient de la modernisation. En revanche, dans de nombreux pays l'agriculture est négligée, elle symbolise les traditions et les préjugés susceptibles de contrarier la marche vers le développement.

Fait significatif, un des modèles de croissance qui sera le plus en vogue après la seconde guerre mondiale sera le modèle post-keynésien de Harrod et Domar[1]. Ce modèle établit l'équilibre particulier qui doit s'instaurer au sein d'une économie entre le revenu, l'épargne, l'investissement et la production dans un contexte où l'on cherche à obtenir une croissance stable et le plein emploi.

a) Le sous-développement est analysé du côté libéral comme un retard — notamment au travers du schéma de Rostow[2] — ou encore comme une réaction temporaire de défense de la part de sociétés archaïques. Les travaux de Gerschenkron[3] sur l'expérience européenne de la croissance au XIXe siècle renforcent cette idée d'un retard qu'il est possible de rattraper. Gerschenkron montre que plus un pays est attardé (cas de l'Italie et de la Russie) et plus il est probable de voir son industrialisation démarrer brutalement et ceci à partir d'un rythme de croissance élevé de la production manufacturière.

Pour les économistes libéraux, les possibilités de développement passent par une transformation des mentalités, le recours au marché, l'insertion dans les échanges internationaux, l'émergence d'entrepreneurs individuels, la lutte contre la faiblesse de la productivité en milieu ru-

1. Voir dans le même chapitre la partie II.

2. *The stages of economic growth,* Cambridge University Press, 1960. Rostow distingue dans son schéma cinq étapes de la croissance économique par lesquelles toutes les sociétés devraient nécessairement passer. L'étape cruciale est celle du décollage économique *(take off)*.

3. A. Gerschenkron, *Economic backwardness in historical perspective,* Harvard University Press, 1962.

ral... Le modèle de Lewis élaboré en 1954 traduit bien cette préoccupation : les perspectives de développement s'ouvrent par un transfert de main-d'œuvre en provenance de l'agriculture, secteur dans lequel la productivité marginale des travailleurs est considérée comme nulle. Mais le manque de pertinence des hypothèses et l'absence de prise en compte de la chute de la production agricole à la suite de la diminution de la population active du secteur primaire limitent l'intérêt de ce schéma explicatif.

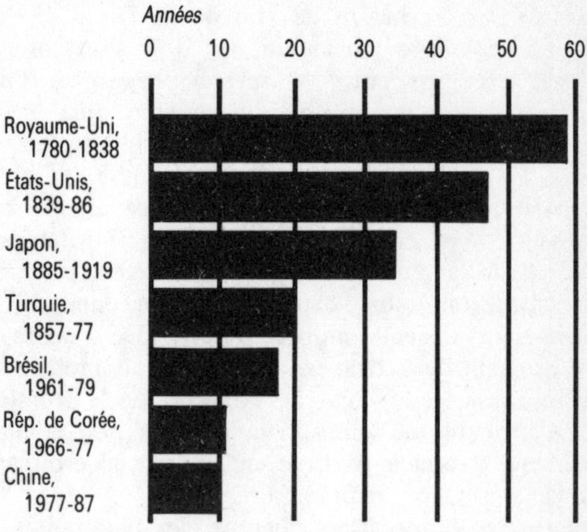

Fig. 34. — Périodes pendant lesquelles la production par tête a doublé dans un certain nombre de pays

Il a fallu près de soixante ans au Royaume-Uni au début du XIXe siècle pour doubler le niveau moyen de sa production par habitant lors de sa révolution industrielle. Un siècle plus tard, il faut moins de trente-cinq ans au Japon pour réaliser la même performance, puis seulement une dizaine d'années à la Corée du Sud et à la Chine. La révolution industrielle, processus de longue haleine pour les pays européens, se déroule de plus en plus rapidement dans les pays où elle consiste à rattraper un retard industriel.

Sources : Banque mondiale, rapport 1991, et A. Maddison, *L'économie mondiale au XXe siècle*, 1989.

Le point fort de la démonstration libérale repose le principe des avantages comparatifs de Ricardo, complété par les analyses en termes de dotations en facteur de production (théorème d'Hecksher-Ohlin-Samuelson). Tous les pays peuvent s'insérer dans la division internationale du travail, cette insertion s'effectuant en fonction des coûts de production ou des richesses (naturelles et humaines) de chaque pays. Au cours des années 1950 cette argumentation est reprise par Jacob Viner et Gottfried Haberler [1] qui insistent sur les avantages à retirer du commerce extérieur quand bien même leurs avantages comparatifs conduisent les pays du Tiers Monde à se spécialiser sur des produits primaires.

L'optimisme libéral conduit même à espérer que le développement des pays occidentaux entraînera nécessairement celui des nations retardées de la planète. C'est le principe de la « croissance transmise ». L'effet bénéfique du développement des uns sur les autres se fera inéluctablement sentir au travers :

— des flux de marchandises que les pays moins développés pourront acheter à des prix plus faibles (les gains de productivité obtenus par les nations industrialisées entraînent des baisses de prix) ;
— des mouvements de capitaux en direction des pays dont les richesses naturelles et humaines ne sont pas exploitées et qui présentent par la même de fortes opportunités de profit.

b) Du côté des théoriciens de la dépendance et des économistes tiers-mondistes, le sous-développement est présenté comme le résultat d'une domination exercée par certains Etats (les pays du centre) aux dépens du reste du monde (la périphérie). Dans la périphérie les structures de production combinent des secteurs à faible productivité

1. J. Viner, *International Trade and Economic Development*, Oxford, Clarendon Press, 1953 ; G. Haberler, Some problems in the pure theory of international trade, *Economic Journal*, juin 1950.

utilisant des techniques dépassées et des secteurs modernes. Du fait de son hétérogénéité, la périphérie est incapable d'absorber le progrès technique à un même rythme que le centre. L'excédent de main-d'œuvre dans les secteurs à faible productivité exerce une pression à la baisse sur les salaires, la croissance ne conduit pas à une amélioration du niveau de vie de l'ensemble de la population.

La rupture avec le marché et le capitalisme est alors préconisée au profit d'un volontarisme étatique inspiré des exemples soviétiques et chinois ; la clé du développement est recherchée dans la planification, la limitation des importations, les nationalisations des firmes étrangères. Protectionnisme, dirigisme et développement autocentré, voilà le nouveau credo.

Dès sa création en 1948, la Commission économique des Nations Unies pour l'Amérique latine (CEPAL) reprend à son compte ces thèses et élabore un modèle de développement suffisamment original pour que l'on puisse utiliser le néologisme « cépalien ». Raul Prebish, économiste argentin, secrétaire exécutif de cette institution entre 1950 et 1963 en fut le maître à penser. Il regroupe autour de lui de jeunes économistes latino-américains qui joueront par la suite un rôle de premier plan dans leur pays comme le Brésilien Celso Furtado[1] ou le Chilien Jorge Ahumada. Ensemble, ils entraînent l'Amérique latine dans le « désarrolismo » : le parti pris en faveur du développement industriel.

A partir d'une étude portant sur la période 1870-1940, Prebish insiste sur la détérioration des termes de l'échange des pays du Tiers Monde : les prix de leurs exportations de matières premières évolueraient moins vite que les prix des biens manufacturés importés. Cette ten-

1. Celso Furtado a été directeur de la planification d'une des régions du Brésil, puis ministre jusqu'au coup d'Etat de 1964. Parmi ses ouvrages traduits en français on peut lire notamment *Théorie du développement économique* (PUF) et *La fantaisie organisée* (Publisud).

dance s'avère néanmoins difficile à mettre en évidence et contestable quant à sa datation. Les analyses de Prebish établies à partir des statistiques du commerce extérieur de la Grande-Bretagne sont faussées par les importantes réductions de coûts de transport intervenues à cette époque qui ont réduit mécaniquement le prix des marchandises importées par ce pays.

L'école de la dépendance conclut sur la nécessité pour un pays en voie de développement de produire par lui-même les biens pour lesquels un marché national existe. Cette politique de substitution aux importations fut largement appliquée en Amérique du Sud, mais dès la fin des années 1960 de nombreux effets pervers pouvaient être constatés : faiblesse de la productivité des industries excessivement protégées, importance des rentes de situation accordées aux producteurs domestiques dont la capacité concurrentielle ne cessait de s'amenuiser et fortes inégalités de revenu.

De leur côté les économistes marxistes insistent dans un raisonnement quelque peu mécanique sur la politique impérialiste menée par les pays développés. Le sous-développement apparaît alors comme le résultat d'une logique planétaire de domination sans que l'on connaisse exactement les degrés de liberté laissés aux pays en voie de développement. Les modifications des modes d'accumulation et de régulation au sein des économies du centre, notamment à la suite des grandes crises économiques ne sont pas prises en compte.

Arghiri Emmanuel ira plus loin que les économistes latino-américains en montrant que même dans une situation de concurrence parfaite et de libre-échange les prix internationaux sont défavorables aux pays du Tiers Monde. C'est la thèse de l' « échange inégal » qui utilise la théorie de la valeur travail de Ricardo. L'écart de salaires entre le centre et la périphérie se traduit par des termes de l'échange favorables aux marchandises à coûts salariaux élevés : des montants inégaux de « temps de travail socialement nécessaires » sont échangés au niveau international.

Toujours du côté des économistes tiers-mondistes, François Perroux puis Albert Hirschman et Destane de Bernis élaborent la théorie des « industries industrialisantes ». Le développement passe alors par la mise en place d'activités qui ont des effets d'entraînement sur l'ensemble de l'économie. Cette thèse sous-estime les effets pervers du dirigisme étatique en matière d'industrialisation et elle ne présente pas les conditions nécessaires à la réalisation des effets d'entraînement. L'application qui en a été faite en Algérie conduira à un échec total.

2. **Vers une autre conception du développement.** — La décennie des années 1970 sera celle de l'accroissement de l'endettement et de la prise de conscience de l'importance de l'agriculture, du secteur rural et de lutte contre la pauvreté. Les effets dévastateurs des politiques qui pénalisent l'agriculture en pressurant les paysans par l'impôt ou par une fixation des prix agricoles à des niveaux insuffisants commencent alors à être perçus. A la suite des succès de la révolution verte en Inde, la Banque mondiale lancera des projets de développement rural intégré qui combinent l'introduction des céréales à haut rendement et la mise en place d'infrastructures (électricité, routes, planning familial).

Vers le milieu des années 1970, le Bureau international du travail (BIT) élabore le concept de « stratégie des besoins essentiels », idée qui sera reprise immédiatement par la Banque mondiale et son directeur MacNamara. A partir du constat de l'échec des politiques de développement en matière d'amélioration du sort des catégories défavorisées, la lutte contre la pauvreté devient pour les organisations internationales un objectif central, contrairement aux années 1950 et 1960 où l'approche de la Banque mondiale était centrée sur les problèmes d'investissement et d'industrialisation. Ainsi est marquée la volonté d'orienter les politiques de développement vers les besoins des hommes et avant tout vers leurs besoins essentiels : alimentation, santé, éducation.

En 1974, l'ONU adopte le Programme d'action pour un

nouvel ordre économique international (NOEI). L'objectif poursuivi est de modifier les règles relatives aux relations économiques internationales afin qu'elles deviennent plus favorables aux pays en voie de développement. L'ONU exhorte les pays développés à engager des négociations sur :

— l'élargissement de l'accès des marchés des pays du Nord aux pays du Sud ,
— la poursuite de la distribution de capitaux sous forme de prêts ;
— la stabilisation des marchés des produits de base.

Au cours de la seconde moitié des années 1970, le débat sur le développement perd de son intensité et de son caractère polémique. Les grands ouvrages économiques portant sur la question du développement se font plus rares. On assiste à une mise en perspective des questions de développement au travers de l'anthropologie qui relativise les progrès réalisés par les économies occidentales[1] ou alors se développe une critique radicale qui tend à détruire l'idée même de développement. Cependant, ce courant de contestation est marginal et ne correspond à aucune aspiration collective des populations ; il prend ses racines dans les écrits d'Ivan Illich et chez les philosophes de l'école de Francfort (Jürgen Habermas, Herbert Marcuse), les représentants français sont Serge Latouche et François Partant. Le développement est présenté comme une idée occidentale imposée aux autres sociétés et qui les a totalement déstructurées en détruisant leurs systèmes de valeurs, leurs cosmologies, leurs manières de penser et d'agir.

Finalement, devant l'échec des politiques de développement, devant le manque de réalisme des principes tiersmondistes ou marxistes, devant les particularités des politiques menées par les nouveaux pays industriels d'Asie du

1. Il s'agit notamment des ouvrages de Pierre Clastres, *La société contre l'Etat*, de Marshall Sahlins, *Age de pierre âge d'abondance*, ou encore de Meillassous, *Femmes, greniers, capitaux*.

Sud-Est[1] (politiques ni véritablement dirigistes, ni véritablement libérales), le débat économique est au point mort, au temps des théoriciens succède celui des experts de la Banque mondiale et du Fonds monétaire international (FMI).

Les dogmes et les principes tout faits (industries industrialisantes, échange inégal, la substitution des importations) s'effondrent au profit des politiques d'ajustement structurel préconisées par les organisations internationales. Avant que les experts prennent le dessus — au moins pour un temps — on assiste néanmoins à quelques soubresauts et l'on voit poindre quelques interrogations ou cris d'alarme en provenance des hommes politiques. En 1980 paraît le rapport Brandt intitulé « Nord-Sud : un programme de survie ». Ce rapport affirme la priorité de la lutte contre la pauvreté et contre la famine, il demande un transfert massif de ressources vers les PVD. L'année suivante, à la Conférence de Cancun, le président Mitterrand avance l'idée d'une interdépendance irréductible entre pays riches et pays pauvres : la prospérité des premiers ne saurait être durable sans le développement des seconds.

Ces recommandations seront suivies de peu d'effets. Très rapidement, sous la pression des faits le développement est réduit à des questions techniques : il s'agit d'appliquer des recettes pour rééchelonner les échéances de la dette, pour améliorer la structure des échanges ou pour rééquilibrer les finances publiques.

Cette transformation a été accélérée par l'augmentation de la dette, par les chocs pétroliers et finalement par la crise d'endettement qui suit la déclaration d'insolvabilité du Mexique en 1982. Dans un premier temps, ces évolutions obligent les PVD débiteurs à faire preuve de bonne volonté et à accepter des politiques économiques définies et contrôlées par le FMI. Même si, dans un second temps, ils réussiront en partie à renverser le rapport de force et à

1. La Corée du Sud, Taïwan, Singapour et Hong-kong.

imposer l'idée d'une annulation partielle, voire totale, de leurs dettes extérieures.

En outre, le surendettement des années 1970 fait apparaître au début de la décennie suivante une très forte hiérarchisation au sein des pays du Tiers Monde alors que les économies des pays d'Afrique noire périclitent et que les pays d'Amérique latine font du sur place, les pays d'Asie du Sud-Est font preuve d'un dynamisme exceptionnel.

Les analyses ayant une portée générale destinées à mettre en évidence des lois du développement ou encore les grands discours sur l'industrialisation ne sont plus d'actualité. C'est la fin des prophètes et la mise en évidence de l'échec des politiques de dirigisme industriel en Amérique latine et en Algérie. Les économistes tiers-mondistes qui tenaient le haut du pavé au cours des années 1950 et 1960 sont sur la défensive puisque la réussite de pays comme la Corée du Sud ou comme Taïwan montrent que les périphéries peuvent non seulement s'industrialiser, mais aussi s'insérer de manière profitable dans les échanges internationaux.

Mais leurs adversaires libéraux sont forcés de reconnaître que l'action de l'Etat au travers d'un protectionnisme ciblé, d'une politique sélective de crédit et d'une législation favorable aux investissements étrangers a été un des facteurs essentiels du développement des nouveaux pays industriels. Ils sont néanmoins placés en position de force puisque au travers des conseils prodigués par les grandes organisations internationales c'est leurs principes de gestion orthodoxe des finances publiques et de la monnaie et leur vision du rôle du commerce extérieur qui triomphent et qui sont mis en application. Ces politiques ont un effet restrictif sur la demande, elles conduisent à la libéralisation des prix, à la valorisation des marchés et à une plus grande insertion dans la division internationale du travail.

La théorie économique a laissé la place à la gestion terre à terre des modalités d'ajustement, même si celle-ci est fortement influencée par les principes de l'économie néo-classique. La CEPAL — bien qu'elle ne fasse pas acte de contrition — reconnaît désormais les vertus de la concurrence et de l'intégration dans le marché mondial, même si elle insiste comme dans le passé sur la nécessité d'une politique sociale qui tienne compte des besoins des personnes plus démunies.

Là où le débat économique pourrait renaître c'est au niveau des mesures qui sont préconisées par le FMI. Même parmi les auteurs orthodoxes (c'est le cas de l'économiste américain Dornbusch) il y a une contestation du contenu des programmes d' « ajustement structurel ». Selon cette critique, ces derniers ont souvent pour effet d'aggraver les problèmes qu'ils sont supposés résoudre ou encore de créer des effets secondaires indésirables. Dornbusch a montré notamment que les tentatives destinées à résoudre le problème du déficit de la balance des paiements et de l'inflation en Amérique latine ont entraîné un niveau élevé des taux d'intérêt réels et à une surévaluation du taux de change, ce qui a amplifié les déséquilibres macro-économiques initiaux.

La théorie du développement attend ses nouveaux maîtres à penser.

ANNEXE

LA LOI DE RENVERSEMENT DES AVANTAGES COMPARATIFS

En reprenant les hypothèses de Ricardo (voir chap. II) :

— deux pays (Angleterre, Portugal) produisant deux types de biens (vin et drap) ;
— chacun de ces deux pays a besoin d'une unité de chaque bien ;
— les biens sont produits uniquement avec du travail ;
— la technologie est fixe, mais différente entre les deux pays ;

il est possible de trouver des structures de coûts de production qui contredisent la loi des avantages comparatifs.

Ces structures de coûts sont très particulières et par conséquent peu fréquentes, elles doivent respecter quatre conditions :

1 / Un des deux pays (*e.g.* le Portugal) possède un avantage absolu en termes de coûts sur les deux productions.

2 / La hiérarchie interne des coûts de production est la même dans les deux pays (*i.e.* si la production d'une unité de drap représente en Angleterre un nombre d'heures de travail supérieur à la production de vin, il doit en être de même au Portugal).

3 / Le pays désavantagé (l'Angleterre) doit avoir un avantage comparatif dans la production où les coûts sont les plus élevés en valeur absolue (*e.g.* le drap).

4 / La productivité comparée entre les deux pays, pour le vin d'une part et pour le drap d'autre part, doit être très proche (de quelques pourcents), sans être égale (dans ce dernier cas, les structures de prix relatifs entre les pays sont identiques et il est impossible de dégager un critère de spécialisation).

Illustration :

	Vin	*Drap*
Angleterre	35	46
Portugal	15	20

Unités : heures de travail nécessaires pour produire une unité de vin ou de drap.

En situation autarcique, le total coûts de production vaut : 35 + 46 + 15 + 20 = 116 unités de travail.

La productivité comparée s'écrit :

— pour le vin = 15/35 × 100 = 42,85 % ;
— pour le drap 20/46 × 100 = 43,47 % ;

l'Angleterre possède donc un avantage comparatif dans la production de drap.

Si la spécialisation s'opère en fonction des avantages comparatifs, le total des coûts de production est égal à (2 × 15 + 2 × 46) = 122 unités de travail (ce qui représente une perte de 6 unités de travail).

En revanche, si la spécialisation s'opère en raison inverse des avantages comparatifs, la valeur totale coûts de production s'écrit : (2 × 35 + 2 × 20) = 110 unités de travail. Ainsi la spécialisation permet de gagner 6 unités de travail (110 par rapport à 116).

Il est donc possible d'énoncer une loi générale :

Deux pays tirent mutuellement profit du commerce, même si en valeur absolue la productivité de l'un est supérieure à celle de l'autre pour tous les produits. Dans les cas les plus fréquents, la spécialisation sera avantageuse si elle s'opère en fonction des avantages comparatifs. En revanche, dans les cas particuliers qui réunissent les quatre conditions précitées, la spécialisation se fera en fonction des désavantages comparés.

BIBLIOGRAPHIE

Un certain nombre d'ouvrages d'initiation au raisonnement et au vocabulaire économiques peuvent être conseillés :

Albertini (J.-M.), *Les rouages de l'économie nationale,* Les Editions Ouvrières, 420 p.
Clerc (Denis), *Déchiffrer l'économie,* Syros, 317 p.
Combemal (Pascal) et Quillès (J.-J.), *L'économie par le circuit,* Nathan, 221 p.
Fouzat, *Economie contemporaine,* PUF, « Thémis », 3 tomes.
Galbraith (John), *Tout savoir ou presque sur l'économie,* Seuil, 185 p.
Lecaillon (Jacques), *Les mécanismes de l'économie,* Cujas, 242 p.
Legoux (Catherine), *Les comptes de l'économie,* Hachette Supérieur, 96 p.
Silem (Ahmed), *Introduction à l'analyse économique,* Armand Colin, 190 p.
Stewart (Michael), *Keynes,* Seuil, 144 p.
Teulon (Frédéric), *Vocabulaire économique,* PUF, « Que sais-je ? », n° 2624, 128 p.
Teulon (Frédéric), *Vocabulaire monétaire et financier,* PUF, « Que sais-je ? », n° 2628, 128 p.

TABLE DES MATIÈRES

Imprimé en France
Imprimerie des Presses Universitaires de France
73, avenue Ronsard, 41100 Vendôme
Mai 1992 — N° 38 001